世界银行集团　亚洲开发银行　泛美开发银行等机构联合发布

Public-Private Partnerships Reference Guide，Version 2.0

《PPP 模式应用指南》

（第二版）

纲要与解读

张水波　王秀芹　编著

中国建筑工业出版社

图书在版编目(CIP)数据

《PPP 模式应用指南》(第二版)纲要与解读/张水波，
王秀芹编著. —北京：中国建筑工业出版社，2016.10
ISBN 978-7-112-20060-3

Ⅰ.①P… Ⅱ.①张… ②王… Ⅲ.①政府投资-
合作-社会资本-研究 Ⅳ.①F830.59②F014.39

中国版本图书馆 CIP 数据核字(2016)第 263888 号

本书从 PPP 基础知识、PPP 制度框架的建立、PPP 项目的实施三个方面提供
了世界银行集团、亚洲开发银行、泛美开发银行等机构联合发布的《PPP 模式应
用指南》(第二版)的纲要内容，并对相关内容进行了解读，以帮助读者理解指南
的意图，从而深化读者对 PPP 模式的认知，提升 PPP 项目操作过程中的管理
水平。

本书通过对《PPP 模式应用指南》(第二版)的解读，主要阐释了什么是
PPP，为什么要采用 PPP，PPP 项目如何融资，如何建立 PPP 法制框架，PPP 实
施过程中政府相关机构的责任是什么及如何履行，PPP 公共财务管理框架下如何
评估及控制 PPP 项目的财政影响，PPP 计划的治理，以及如何识别和评估 PPP 项
目，如何识别和分配风险以使 PPP 结构化，如何设计 PPP 合同和管理 PPP 交易，
如何管理 PPP 合同等内容，为政府发展 PPP 提供指引，也有助于 PPP 模式下的
私人部门更好地了解 PPP 项目的流程，更好地理解政府的立场，从而促进公私合
作下双赢的实现。

本书适合政府部门、相关企业从事 PPP 业务的人士阅读，也可供高校工程管
理及相关专业师生参考。

责任编辑：牛　松　张国友
责任设计：李志立
责任校对：陈晶晶　李欣慰

《PPP 模式应用指南》
（第二版）
纲要与解读

张水波　　王秀芹　编著

*

中国建筑工业出版社出版、发行(北京西郊百万庄)
各地新华书店、建筑书店经销
北京红光制版公司制版
廊坊市海涛印刷有限公司印刷

*

开本：787×1092 毫米　1/16　印张：9¼　字数：224 千字
2016 年 12 月第一版　　2016 年 12 月第一次印刷
定价：30.00 元
ISBN 978-7-112-20060-3
(29292)

前　言

从 20 世纪 90 年代起，PPP 模式在全世界范围内，无论是发达国家还是发展中国家，应用越来越广泛；然而，由于该模式是对基础设施传统开发模式的革新，其操作过程更为复杂，涉及面更广，失败的比率也比较高。因此，世界各国以及一些国际机构对 PPP 模式的实施经验教训进行了总结研究，力图建立 PPP 项目知识中心（PPP Knowledge Centre），为未来的 PPP 项目实施提供应用指南。其中以世界银行为代表的国际金融机构在这方面做了大量的工作。

随着 PPP 模式的广泛应用，相关的研究文献，包括学术论文、著作以及规范性文件都大量出现。但世界银行认为，在所有出版的刊物中，真正"结合国际经验和不同 PPP 做法的国际视野"并不多，虽然世界银行也承认，以现有的知识积累，真正给出逐一适用于每个国家的应用指南还不现实，但总结现有的 PPP 实施经验，给出一个全球视角方面的经验总结时机已到。世界银行与亚洲开发银行和泛美开发银行一起，组成联合研究团队，于 2012 年联合编制并发表了"PPP 模式应用指南"的第一版。由于国际上 PPP 模式发展迅速，又及时对相关知识进行了更新，于 2014 年发布了第二版。按照三个开发银行的编制目的，本指南旨在：

- 提供 PPP 项目业界人员应知道的相关知识
- 解析 PPP 项目执行中的关键问题
- 帮助业界人士在碰到困难时获得相关解答

为此，指南围绕三个主要方面来论述：（1）PPP 模式的内涵，相对于传统工程建设模式，PPP 模式的优缺点；（2）有效实现 PPP 项目目标所需要注入的政策、法律、制度框架；（3）PPP 项目开发的过程与方法。另外，为了便于理解，本指南还结合世界各地经验，提供了对个案的案例分析。

本指南第一版的研究编制由亚洲开发银行与泛美开发银行发起，世界银行研究院（The World Bank Institute）参与，与世界银行关系密切的"公私基础设施顾问促进会"（PPIAF）提供研究资金资助，具体研究由 Castalia 战略顾问们与世界银行 PPP 研究小组的 Rui Monteiro 承担。第二版则由世界银行 PPP 研究小组的 Rui Monteiro 领导的团队承担，由 PPP 研究小组经理 Clive Harris 监制（overseen），主要参加者还有泛美开发银行的 David Bloomgarden，亚洲开发银行的 Trevor Lewis。除此之外，参加的主要专家还有：Shin Kue Ryu、John Saville 和 Helen Martin 等。在第一版的基础上，第二版提供更多的参考资料以及更新的 PPP 项目范例。

PPP 在全世界范围内，还没有统一的定义，不同的国家和地区的理解有所差异，本指南给出了其界定的 PPP 含义，即：

"私营部门一方与政府机构一方所签订的一份长期合约，目的是提供一项公共资产或服务，其过程中，私营部门一方承担重大风险与管理责任，并根据履约绩效获得报酬。"

（A long-term contract between a private party and a government entity，for providing a public asset or service，in which the private party bears significant risk and management responsibility，and remuneration is linked to performance，p14）

本指南共分三个模块：

模块 1：PPP 基础知识：内涵与应用原理

模块 2：PPP 制度框架的建立

模块 3：PPP 项目的实施

本指南在其原文的"引言"中，给出了整个指南的内容框架图，如图 1 所示。

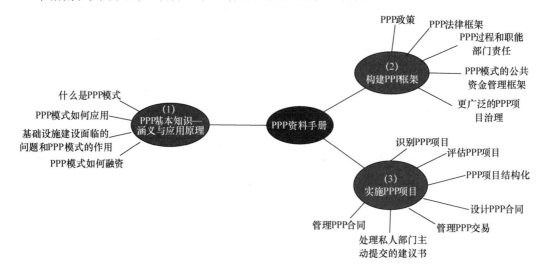

图 1　PPP 指南内容框架

本书将围绕上述三个方面，给出本指南的纲要内容，并对相关内容进行解读，帮助读者理解本指南的意图，从而深化读者对 PPP 模式的认知，提升 PPP 项目操作过程中的管理水平。

我国自 20 世纪 80 年代末开始 PPP 模式的尝试，几经起伏，到 2013 年再度掀起 PPP 的热潮。2013 年 11 月，中共十八届三中全会决定允许社会资本通过特许经营等方式参与城市基础设施投资和运营。2014 年 5 月，财政部政府和社会资本合作（PPP）工作领导小组正式设立。2015 年 1 月特许经营立法工作重新启动，《基础设施和公用事业特许经营管理办法（征求意见稿）》已公开征求意见。2014 年 12 月财政部批准成立了政府和社会资本合作（PPP）中心，并下发了首批 30 个 PPP 合作示范项目名单和操作指南；国家发改委同期下发了关于开展政府和社会资本合作的指导意见和通用合同指南。所有这些都是为了促进 PPP 模式在中国的健康发展。

为了进一步加强政府和业界对 PPP 的认知，借鉴国际经验，我们借助对世界银行《Public-Private Partnerships Reference Guide》的解读，阐释什么是 PPP，为什么要采用 PPP，PPP 项目如何融资，如何建立 PPP 法制框架，PPP 实施过程中政府相关机构的责任是什么及如何履行，PPP 公共财务管理框架下如何评估及控制 PPP 项目的财政影响，PPP 计划的治理以及如何识别和评估 PPP 项目，如何识别和分配风险以使 PPP 结构化，如何设计 PPP 合同和管理 PPP 交易，如何管理 PPP 合同等内容，为政府发展 PPP 提供指引，也有助于 PPP 模式下的私人部门更好地了解 PPP 项目的流程，更好地理解政府的立场，从而促进公私合作下双赢的实现。

除了对世界银行 PPP 模式应用指南的核心内容进行解析外，本书还增加了四个附录，附录一是我国相关政府部门近两年颁发的相关 PPP 最新政策和指南清单；附录二是世界上部分国家的 PPP 立法清单；附录三是五部委与人民银行联合颁布的基础设施和公用事业特许经营管理办法；附录四是作者根据世界银行的另一份 PPP 文件所总结的 PPP 项目运作关键问题清单，覆盖政治、法律和制度、经济和金融、具体实施等四个方面的关键问题，希望为读者提供更广泛的国内外 PPP 相关立法信息及项目运作应关注的关键问题，增加本书的应用性。

在本书的编写过程中，一直得到恩师何伯森教授的鼓励，正是他的不断鼓励才使得我们在繁重的工作中仍坚持完成此书稿的撰写。陈勇强教授、吕文学教授一直给予我们很大支持，多次参加相关问题讨论，我们的研究生吴昊，吕思佳，王兵参与了部分资料的整理和文字校读，在此表示感谢。限于作者水平，书中可能有不妥乃至错误的地方，敬请读者批评指正！

张水波　王秀芹

2016 年 9 月于天津大学

目　　录

1　PPP 基本知识：PPP 含义与应用原理● ······················ 1

　1.1　PPP 是什么：定义"公私伙伴关系" ···················· 1

　　1.1.1　PPP 合同类型与术语 ···························· 1

　　1.1.2　PPP 不包括的范畴：私人参与的其他类型 ············ 4

　1.2　PPP 应用操作方式：行业与服务类型 ·················· 6

　1.3　基础设施方面的挑战以及 PPP 的作用 ················· 7

　　1.3.1　资金的缺乏 ································· 9

　　1.3.2　规划不善与项目选择 ························· 11

　　1.3.3　管理不力 ·································· 13

　　1.3.4　维护不足 ·································· 15

　1.4　PPP 项目的融资 ····························· 16

　　1.4.1　PPP 项目的融资结构 ························· 16

　　1.4.2　政府方面的考虑 ····························· 19

　　1.4.3　PPP 模式中公共资金的作用 ···················· 24

2　PPP 管理制度框架的建立 ·························· 28

　2.1　PPP 政策 ································· 29

　　2.1.1　PPP 计划的目的 ···························· 29

　　2.1.2　PPP 计划的范围 ···························· 29

　　2.1.3　PPP 计划的实施准则 ························· 29

　2.2　PPP 法律框架 ······························ 30

　　2.2.1　PPP 法律框架的范围 ························· 32

　　2.2.2　PPP 法律 ································· 35

　2.3　PPP 过程与职能部门的责任 ···················· 36

　　2.3.1　PPP 的实施过程 ···························· 36

　　2.3.2　职能部门的责任：项目实施 ···················· 40

　　2.3.3　职能部门的责任：审查与批准 ·················· 40

　　2.3.4　专职 PPP 机构 ····························· 43

　2.4　PPP 公共财务管理框架 ························ 44

　　2.4.1　PPP 项目财政负担评估 ······················ 45

　　2.4.2　政府所承担的 PPP 风险总量的控制 ··············· 46

●　为方便读者对比阅读，本书按照《PPP 模式应用指南（第二版）》（《Public-Private Partnerships Reference Guide，Version2.0》）的目录进行编排。

2.4.3　政府对 PPP 承诺的预算 ·································· 47

2.4.4　PPP 财务会计处理与报告 ·························· 49

2.5　广义 PPP 计划的治理 ·································· 50

2.5.1　PPP 项目以及计划信息的披露 ·················· 52

2.5.2　最高审计机构的角色 ·························· 53

2.5.3　立法机构的角色 ·························· 55

2.5.4　公众的角色 ·························· 56

3　PPP 项目的实施 ·································· 58

3.1　PPP 项目识别 ·························· 59

3.1.1　识别公共投资项目的优先顺序 ·················· 59

3.1.2　筛选潜在的 PPP 项目 ·························· 60

3.1.3　建立初步的 PPP 项目储备库 ·················· 60

3.2　PPP 项目评估 ·························· 62

3.2.1　项目可行性与经济可行性评价 ·················· 62

3.2.2　商业可行性评价 ·························· 63

3.2.3　"物有所值"评价 ·························· 63

3.2.4　财政影响评价 ·························· 64

3.3　PPP 项目结构化 ·························· 68

3.3.1　识别风险 ·························· 68

3.3.2　分配风险 ·························· 69

3.3.3　将风险分配计划融入合同设计 ·················· 69

3.4　PPP 合同设计 ·························· 78

3.4.1　履约要求 ·························· 79

3.4.2　支付机制 ·························· 79

3.4.3　调整机制 ·························· 80

3.4.4　争议解决机制 ·························· 80

3.4.5　终止条款 ·························· 80

3.5　PPP 交易管理 ·························· 90

3.5.1　采购策略决策 ·························· 91

3.5.2　PPP 市场营销 ·························· 96

3.5.3　投标人资格审查 ·························· 97

3.5.4　招投标过程管理 ·························· 99

3.5.5　合同生效与融资关闭 ·························· 102

3.6　对私人主动提交的项目建议书的处理 ·················· 104

3.6.1　私人主动提交的项目建议书的利弊 ·················· 105

3.6.2　创造竞争氛围 ·························· 106

3.6.3　知识产权的处理 ·························· 107

3.6.4　确定清晰的处理过程 ·························· 108

3.7　PPP 各类合同管理 ·························· 109

3.7.1 建立合同管理架构 ·· 110

3.7.2 监控与管理 PPP 履约与风险 ······················· 112

3.7.3 变更处理 ··· 115

3.7.4 合同期届满与资产移交 ·································· 117

附录 1 2014～2015 各部委 PPP 政策和文件清单 ············· 120

附录 2 世界部分国家的 PPP 相关法律 ························· 122

附录 3 基础设施和公用事业特许经营管理办法 ············· 125

附录 4 PPP 项目运作关键事项检核表 ························· 132

主要参考文献 ·· 138

1 PPP基本知识：PPP含义与应用原理

本模块主要提供PPP四个方面的知识：（1）PPP的基本含义；（2）PPP适用的行业和服务类型；（3）当今世界范围内基础设施面临的问题、PPP模式在解决这些问题方面的作用及局限性；（4）PPP项目的资金筹措。

1.1 PPP是什么：定义"公私伙伴关系"

【指南内容要点】

● 本指南给出的PPP定义："私营部门一方与政府机构一方所签订的一份长期合约，目的是提供一项公共资产或服务，其过程中，私营部门一方承担重大风险与管理责任，并根据履约绩效获得报酬。"

【内容解读】

PPP的这个概念是从BOT、BT、BOOT、TOT、PFI、DBFO、Concession（特许经营）等术语逐渐演变而来的，在20世纪90年代初才正式被逐渐广泛使用。由于各个国家的法律、文化和习惯的不同，其使用的术语的演变也不相同，国际范围内并没有统一的定义，但从目前的文献来看，一般国际上从三个角度来定义PPP：

（1）从合约角度来定义：PPP是公私部门之间一种合同安排，把双方关系看成是一种正式的法律关系，该关系基于的是双方签订的合同对双方有约束力，违约者受罚。

（2）从伙伴关系角度来定义：PPP是公私部门之间的一种合作关系，强调的是两个部门优势互补的一种"伙伴关系"，该关系基于的是双方之间的"互信"、"承诺"，合作会取得双赢。

（3）从功能性目标角度来定义：PPP是集"设计、融资、采购、施工、运营"的一体化项目投融资模式，政府将传统建设模式的风险和相关工作转移给私营部门，尤其是融资和运营工作，目的是解决政府资金缺乏，实现项目全生命周期决策优化以及建设与运营效率的提高。

从本指南的定义来看，世界银行是从"合约"的角度来定义PPP的，同时兼顾了PPP模式的功能性目标。

1.1.1 PPP合同类型与术语

【指南内容要点】

● 本指南从三个方面的特征来描述PPP：（1）资产类型；（2）私营部门的角色；（3）私营部门如何获得支付。

● 资产类型包括两种：新建资产，即"绿地项目"；既有资产，即"棕地项目"。

- 就承担角色而言，私营部门参与 PPP 项目通常涉及的工作包括：融资、设计、建设、改造、维护、运营等。
- PPP 的支付机制包括三种："用户支付费用"；"政府支付费用"；"用户与政府联合支付费用"。
- 虽然本指南将 PPP 这一术语用前面所述的三个方面特征来表述，但应当被理解成广义的，即：它是指世界各国所用的各种各样的术语，表 1-1 列出了可以划归 PPP 的术语集合。

PPP 术语

表 1-1

合同术语	综述及参考文献	资产类型	私人部门角色	支付机制
设计-建设-融资-运营-维护（DBFOM）；设计-建设-融资-运营（DBFO）；设计-施工-管理-融资（DCMF）	在这一术语下，PPP 合同类型的范围是通过转移给私人部门的功能来描述的，其中的维护功能可能在术语的描述中并不提及（因此一个转让所有功能的合同模式可能被简写为 DBFO 而不是 DBFOM，维护的责任隐含在运营中）。还有一个类似的描述就是设计－施工－管理－融资（DCMF），它与 DBFOM 合同模式是等同的	新建基础设施	一般负责项目涉及的全部工作，具体在合同中定义	政府或用户支付
运营和维护(O&M)	现存资产的 O&M 合同如果是基于绩效且长期的（有时也称为基于绩效的维护合同），则现存资产的 O&M 合同模式可归入 PPP 的定义之中	既有基础设施	运营和维护	政府支付
建设-运营转让（BOT），建设-拥有-运营-转让（BOOT），建设-转让-运营（BTO）	这种描述新建设施 PPP 项目的方法抓住了法律所有权和对项目设施的控制。BOT 项目下，私人公司拥有项目资产直到合同到期时转让。BOOT 常常与 BOT 替换使用，Yescombe［指南参考文献 295］如此描述。相比之下，在一个建设-转让-运营（BTO）合同中，资产所有权在施工结束时转让。如 Delmon［指南参考文献 58，20～21 页］所述，所有权主要影响合同结束时资产移交的管理	新建基础设施	主要包括设计、建设、融资、维护以及部分或全部运营工作。在一些定义下，BOT 或者 BTO 可能不包括私人融资，然而 BOOT 总是包含着私人融资	政府或用户支付
修复-运营转让（ROT）	相比与以上术语，当私人部门负责修复、升级或拓展现存资产时，"修复"一词可代替"建设"	既有基础设施	同上，但将"建设"替换为"修复"	同上

合同术语	综述及参考文献	资产类型	私人部门角色	支付机制
特许权（Concession）	"特许权"被用于一系列合同类型，如 Delmon［指南参考文献 59，9 页］所述。在一些司法管辖区，"特许权"可能表示一种特定类型的合同；然而在另一些司法管辖区，其所指却广泛得多。在 PPP 术语下，"特许权"主要用于描述一种"用户支付"的 PPP。例如，在巴西，《特许权法》只用于"用户支付"的合同；一个单独的《PPP 法》用于规范那些需要政府承担部分支付的合同。另一方面，"特许权"有时被用作一大类 PPP 类型的统称——例如，智利近期所有的 PPP 项目都在《特许法》的规定下进行，其中包括全部由政府支付的合同	新建或既有基础设施	设计，修复，扩展或建设，融资，维护以及运营——尤其是向用户提供服务	通常为用户支付——在一些国家，私人部门可能向政府缴纳费用，也可能得到补贴，这取决于特许权项目的财务可行性
出租或租赁（Lease or affermage）	出租或租赁合同类似于特许权，但特点在于政府保留资本性支出的责任。尤其是"租赁"，在一些司法管辖区可能有特殊的含义。世行对水资源管理的说明［指南参考文献 122，36～42 页］描述了出租合同以及特许权。这类合同是否归入 PPP 取决于其合同期限。	既有基础设施	维护和运营，向用户提供服务	用户支付——特点在于私人部门将用户支付费用的一部分移交给政府，用于资本性支出
特许经营（Franchise）	"特许经营"有时用于描述一种类似于特许或出租或租赁的合同安排，如 Yescombe［指南参考文献 295］所述	既有或新建基础设施	可能包括设计、建设和融资；或者仅限于维护以及运营一项资产	可能由用户或者政府支付
私人主动融资（PFI）	英国是最早在私人主动融资术语下引进 PPP 概念的国家之一。"PFI"的特点是将 PPP 描述成一种融资、建设和管理新资产的方式	新建基础设施	设计，建设，融资，维护——可能包括一些运营活动，但通常不是直接向用户提供服务	政府支付

【内容解读】

如前所述，PPP 在世界各国用法不一致，比如，巴西把完全由用户支付的 PPP 项目划归特许权法管辖，而其他 PPP 项目则由 PPP 法管辖；法国也是，PPP 法将 PPP 项目仅限于政府付费的项目，而智利则将 PPP 项目称为特许权项目，英国则将政府付费的新建 PPP 项目称为 PFI（见表 1-1），但本指南采用更广泛的 PPP 术语，正如指南中关于 PPP

的三个方面特征所描述，具备这三个方面特征的，皆为本指南所指 PPP。

从世界范围来看，PPP 定义的不同主要源于 PPP 项目所涉及资产类型和私人部门获得支付的方式。PPP 项目主要涉及两种资产类型：新建项目或既有项目。我们通常所说的 BOT 项目大都属于新建项目，即：绿地项目，由于发展中国家的基础设施缺乏，因此绿地项目在发展中国家比较多。在发达国家，由于设施老化问题严重，因此政府面临的是对现有项目的升级改造问题，此类项目通常被称为棕地项目，我们所说的 TOT 项目，大都属于此类项目。

关于 PPP 项目的支付问题，世界银行给出了三种支付方法：用户支付、政府支付、用户政府联合支付。一般来说，这主要取决于涉及项目的经济强度与政府的政治态度。

就项目经济强度而言，主要看该项目是否能"财务独立"（Financially Free-standing），也就是说，未来该项目投产后的经济收益能否覆盖债务本金与利息的偿还以及投资者所期望的回报率。若能够，则适合采用"用户支付"方式；若项目投入运营后没有实际经济收益，则采用"政府支付"方式；若项目投产后虽有收益，但不足以覆盖债务的还本付息和投资回报期望，则宜采用"用户政府联合支付"方式。根据项目的性质和收益情况，在我国通常被称为：经营性项目；准经营性项目；非经营性项目。例如：采矿项目、电力项目、供水管网设施、某些收益较好的高速公路由于潜在收益高，通常被认为适合采用"用户支付"方式；学校、体育设施、污水处理厂等社会公共设施基本没有经济收益，通常被认为适合采用"政府支付"方式；机场、高铁、地铁、轻轨、落后地区的公路等有一定的收益的项目，通常被认为适合采用"用户政府联合支付"方式。

就政治态度而言，有时虽然项目适合采用"用户支付"方式，但由于政府受到政治压力，也可能采用"政府支付"方式，如：英国的许多采用 PPP（PFI/DBFO）的公路项目，采用的是影子收费机制（Shadow Toll），公路竣工投入运营后，政府依据每天的车辆通行量，按合同约定来支付私营部门。有些国家由于财政方面的原因，政府反而将某些收益不高的项目采用"用户支付"机制，政府不承担任何支付义务，导致社会公众不能承受，引起公众不满，导致项目运营期间的不断重新谈判，造成负面社会影响。

1.1.2　PPP 不包括的范畴：私人参与的其他类型

【指南内容要点】

● 本指南中，PPP 是"与私营部门建立伙伴关系"、"为提供公共资产与设施签订合同"以及"行业部门规制❶"三个概念的交集。

● 除了表 1-1 中列入 PPP 范畴中的类型外，对于如何提供公共资产和设施，还有其他的合同类型，包括：管理合同（Management Contracts），设计-建造（或称为"交钥匙"）合同（Design-Build or Turnkey Contracts）以及融资租赁合同（Financial Lease Contracts），这些合同与本指南所指的 PPP 合同类型相关，但这些合同或因期限较短或因向私人部门转移较少风险而不属于本指南所界定的 PPP 合同类型。

● 除本指南所使用的 PPP 概念外，根据其用途，PPP 还有其他概念界定：如美国反

---

❶　Regulation，通常被译成"规制"、"监管"、"管制"，用于解决市场失灵问题和公平问题，本文统一使用"规制"这一术语。

健康欺诈领域中多方合作的"信息分享机制";私人部门为公益之目的在相关政府当局协调下所从事的健康、教育项目;私人机构资助并参与其实施过程的公共投资的慈善项目;私人与公共部门联合举办的科研创新项目;政府为鼓励私人部门发展而给予的各类支持项目。但 PPP 这些概念与本指南界定的 PPP 概念在期限、目的、法律地位、结构等方面差异很大,因此本指南所描述的 PPP 原理、政策安排和实施过程不适用于上述概念范畴。

● PPP 和一定的行业规制相关。PPP 涉及的服务常常属于垄断或准垄断服务,若私人部门提供此类垄断服务,一般需要政府规制以保护用户,通常是限制收费水平和规定服务标准。行业规制也会对交易条件、行业准入以及部门投资决策等进行管理。规制对供水、电力、燃气以及通信部门尤其重要,机场和高速公路等部门也会需要规制。在自然垄断部门,PPP 和行业规制的关系表现在以下几个方面:一是政府部门为改善既有公共资产和服务的业绩而进行改革时,将 PPP 作为私有化的替代方式并出台相应规制;二是通过 PPP 合同约定收费和服务标准,从而替代规制;三是引进 PPP 时建立行业规制或行业规制已存在。

【内容解读】

本指南在这一部分补充说明了一些与 PPP 概念相近,但又在本指南中没有被界定为 PPP 的相关模式,其中提到了那些近似概念在合同期限以及风险分担方面与本指南所界定 PPP 的区别。实际上,由于各个国家和国际机构的具体思路和目标有差异,因此对 PPP 概念界定并不统一,有的国家对 PPP 采用更为宽泛性的解释,如加拿大就将"设计—建造"的工程建设总承包方式划归为 PPP 模式。有的学者甚至认为,PPP 这个概念太宽泛,强调其概念的界定意义不大,而更应该关注每一个具体的操作方式。广义地说,任何公共部门与私人部门合作来提供公共设施和公共服务的做法都可以归为 PPP 模式,但就狭义来说,PPP 两个最有代表性的具体方式仍然是 BOT/BOOT(绿地项目)与 TOT/ROT(棕地项目),尤其对于基础设施方面来说更是如此。

本指南提到三个与 PPP 相关的合同类型:管理合同、设计—建造(或称为"交钥匙")合同以及融资租赁合同。管理合同通常涉及的私人部门为公共部门提供管理服务,期限比较短,私人部门一般无需投资,公共部门根据服务水平,按照合同支付服务酬金。与此方式的一个类似概念为"维护与管理合同"(Operation and Maintenance Contract)。

设计—建造合同在工程项目中常常称为"EPC 合同",实际上是新建工程的建设模式。由私人部门承包商为公共部门按照合同来设计、建造工程,公共部门支付工程款,竣工后移交给公共部门(业主)。此类合同也在逐渐演变,近年来出现的 DBO 合同(EPC+OM 合同),就将竣工后的运营服务也给予承包商,并在合同中规定运营服务期,如我国承包商在沙特承揽的轻轨项目就是 EPC+OM 合同类型。FIDIC 已于 2008 年出版 DBO 标准合同范本。另外,国际上还出现了承包商带资承包工程的 EPC 项目,按照合同,承包商除了设计、采购和建造项目外,还在建设期内负责提供项目资金(这实际上相当于 BT 项目或资源类项目的回购合同(Buyback Contract)),工程竣工后,移交给政府部门业主,业主按合同规定后期分期还款,包括融资费。另外,对于大型基础设施 PPP 项目,获得特许经营权的投资人成立项目公司后,通常就是与工程公司签订 EPC 合同来建设此类项目。在实践中,有不少工程公司在此类 PPP 项目中扮演两个角色:既是项目的投资发起人,同时还是与项目公司签订 EPC 合同的承包商。

融资租赁合同是指出租人根据承租人对租赁物件的特定要求出资向相关供货人购买租赁物件，并租给承租人使用，承租人则分期向出租人支付租金的合同。融资租赁合同规定的基本内容包括：（1）在租赁期内租赁物件的所有权属于出租人所有，承租人拥有租赁物件的使用权；（2）租期届满，租金支付完毕，一般租赁物件所有权归属出租人，除非合同另外规定。融资租赁合同有很多具体形式，如：简单融资租赁，杠杆融资租赁，回租融资租赁，委托融资租赁等，其中杠杆租赁因其具有债务资金提供者参与的特点而在大型交易中使用最广泛。

根据财政部与发改委的相关政策，PPP 项目在我国称为"政府与社会资本合作"模式，并且规定，无论国有企业或是民企都可以作为社会资本与政府合作。但财政部规定了一个例外：同级的融资平台公司不得以社会资本的一方参与 PPP 项目❶。

PPP 项目的实施离不开不同形式的行业规制。基础设施项目本质上是垄断的或准垄断的，具有资产专用性强、投资规模大、信息不对称等特征，这使得 PPP 项目处在不完美的市场中运行，无论是私人部门还是政府部门，都有采取机会主义行为的动机。因此，对于 PPP 项目而言，必须要进行有效的规制以矫正市场失灵带来的扭曲。世界银行已明确提出 PPP 项目需要有效的规制，并指出 PPP 项目规制是指：对于参与基础设施项目的私人部门、政府或其他特定实体的决策或行为实施直接或间接的控制❷。

1.2 PPP 应用操作方式：行业与服务类型

【指南内容要点】

- PPP 适应的行业部门和服务类型有两个特点：一是提供公共资产和服务的项目；二是此类项目的周期长，通常与 PPP 合同期匹配。

- 公共服务在各国定义不同，本指南保持中立定义，即：公共服务指的是政府有责任提供或有责任保证提供的服务。

- PPP 一般涉及的是长期资产，即固定资产，但有时也包含"有专用目的或有现场专用特点的"资产，如：列车车辆（Train Rolling Stock）。

- 一些国家将 PPP 的应用集中于某些部门，希望这些部门优先获得投资以改善服务，或以此来优先发展预期使用 PPP 最成功的部门。表 1-2 给出了国际范围内运用 PPP 的各个行业部门。

- 另一方面，有些国家也规定，某些行业部门或行业部门内的某些服务不能采用 PPP 模式，这些服务通常被称为"核心"服务，被认为必须由政府提供。但实践中对"核心"服务的定义各国亦有不同，如英国的医疗卫生领域，建设医院以及相关辅助设施可采用 PPP 模式，但一些"核心"医疗服务仍完全由政府提供，而在莱索托，采用 PPP 建设的医院项目规定私人部门提供后期的全部医院卫生服务。

---

❶ 见：财政部财金〔2014〕113 号文"政府和社会资本合作模式操作指南"第二条。
❷ 张水波、张晨、高颖. 公私合营（PPP）项目的规制研究. 天津大学学报（社会科学版）. 2014，（1）：30-35。

部门部门	项目类型	来源概述
交通	道路、隧道和桥梁 铁路 公共运输系统 港口 机场	美国交通运输部交通项目 PPP 案例研究对交通领域的国际 PPP 项目实践进行了综述，包含了英国、欧洲、澳大利亚、中国、印度、以色列及阿根廷的桥梁和高速公路 Menzies 和 Mandri-Perrott 关于私人部门参与轻轨项目的著作［指南参考文献 183，附录 1］中包含了英国、马来西亚、菲律宾、泰国、加拿大和南非等地 12 个轻轨系统 PPP 项目的详细案例研究
水及废物处理	批量水处理 配水和排水系统 固体废物管理服务	Marin［指南参考文献 180］从 65 个以上的 PPP 项目中总结并阐述了发展中国家城市供水设施 PPP 项目的详细经验
电力	发电资产 配电系统	Eberhard 和 Gratwick［指南参考文献 65］描述了撒哈拉以南非洲独立发电商（IPP）的经验
社会和政府基础设施	教育——学校设施及服务 医疗——医院和其他医疗设施及服务 监狱 城市再生和社会住房项目	Deloitte 关于 PPP 项目如何有助于"填补基础设施差距"的报告［指南参考文献 68，19～28 页］综述了一系列部门，尤其是社会基础设施的 PPP 经验。 IFC 出版的 Handshake 一书呈现了医疗及其他经济和社会基础设施 PPP 的实例和案例。 LaRocque 关于教育服务项目交付合同的论文［指南参考文献 174］包含了教育部门的 PPP 实例。 美洲商业信息关于社会基础设施特许权的一篇报道［指南参考文献 41］描述了拉丁美洲社会部门近期 PPP 项目的实践经验

【内容解读】

本指南在这一部分主要说明了 PPP 模式适用于哪些领域和部门。除了 PPP 本身的特点需要考虑外，各个国家采用 PPP 模式的政策并不完全一样，这主要是根据每个国家发展所需而确定的。如我国在 20 世纪 80 年代，电力极端缺乏，早期的试点项目，如深圳沙角 B 电厂，广西来宾 B 电厂项目等都是电力项目。除了电力项目，道路项目也是大规模采用 PPP 模式的领域之一，这主要是此类项目的性质确定的。因为此类项目属于未来有收入期望的项目，政府部门不需要补贴或需要的补贴很少。但由于公共设施或服务涉及国家安全或与公众利益密切相关，通过 PPP 模式转移给私人部门经营，在一些国家是比较敏感的政治问题，因此，有些国家禁止私人部门，尤其是外国公司，介入某些领域，比如电信领域。

1.3　基础设施方面的挑战以及 PPP 的作用

【指南内容要点】

- 基础设施不足仍制约着全球经济的发展，尤其在发展中国家，基础设施的数量与质量都不够，常常表现在道路拥挤、某些服务限量供给，能够提供的服务往往质量不高，而在很多领域甚至无法提供服务。

- 基础设施问题困扰着各国政府，表现在四个方面（见图 1-1）：一是基础设施建设投入资金不够；二是项目立项与建设水平低，同时伴随着政治游戏与腐败行为；三是新建基础设施项目的建设成本和工期往往超过预期，四是基础设施资产维护不够，最终导致成本增加，收益减少。

- 若采用 PPP 模式，则可以在上述几个方面得以改进：私人部门可以带来额外的资金；私人部门利用专业知识和经验提高项目立项与建设水平，并从全生命周期的视角，来提高设施的维护水平，降低维护成本，如图 1-1 所示。

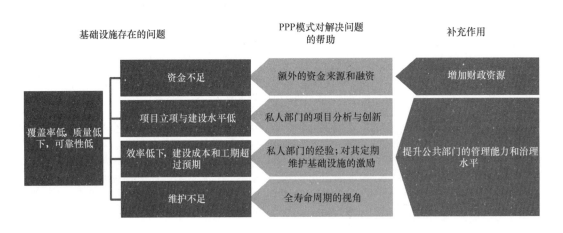

图 1-1　基础设施存在的问题及 PPP 的作用

- 但另一方面，PPP 模式不是灵丹妙药，引入 PPP 模式，如果不恰当实施，非但不能解决现有问题，反而对有些问题会雪上加霜，具体表现在：第一，PPP 实际上未必能够解决政府财政困难问题，因为这里面可能隐含着政府对 PPP 的财务承诺，这会导致在 PPP 模式下，政府实际给予的财务承诺和承担的风险比谨慎的传统政府采购模式还要多；第二，虽然 PPP 模式有利于项目分析和采纳创新观点与实践，但规划和项目选择仍是政府部门的责任，政府不明确的财政成本以及合约的不灵活会使 PPP 的实施更加困难；第三，私人部门管理基础设施具有高效率以及定期维护的激励，但这实际上需要靠政府高效的 PPP 合约安排与采购管理才能实现。

- PPP 不是解决基础设施问题的万能药，无论传统公共投资项目，还是 PPP 项目，都需要政府部门具有相应的管理与治理水平，才能做出可靠的决策，但证据显示，政府部门提高基础设施建设的管理水平仍然路漫漫，到头来也许还是简单地靠多投入资源来提供基础设施。

【内容解读】

本指南在这一部分主要说明了 PPP 模式引入的背景，即：政府在提供基础设施和公共服务方面所面临的财政困难与管理水平的低下等。但同时又警告，PPP 并非灵丹妙药，其中暗含着很多复杂的问题，若不具备管理 PPP 项目的能力，不能提供良好的 PPP 项目的制度环境条件，采用 PPP 可能适得其反。应当牢记：PPP 模式只有通过良好的管理，才能实现其预期带来的好处，避免"PPP 陷阱"，我国学者将 PPP 称为"带刺的玫瑰"，是一个很形象的比喻❶。

1.3.1 资金的缺乏

【指南内容要点】

1. 全球范围内，尤其是发展中国家，基础设施投资缺口极大。

● 2010 年世界银行非洲基础设施诊断研究表明，撒哈拉以南非洲地区每年需要基础设施投资大约在 930 亿美元，但实际只投入了 450 亿美元，资金来源包括政府投资、用户收费、私营部门投资以及其他外部来源，实际资金缺口高达 480 亿美元。

● 2013 年泛美开发银行基础设施策略研究部的研究表明，拉丁美洲基础设施年投资资金缺口高达 1000 亿美元，占该地区 GDP 的 2%。

● 资金缺口不仅仅限于发展中国家，经济合作与发展组织 2007 年关于基础设施的研究报告显示，到 2030 年，未来基础设施所需投资与公共部门通过传统资金来源能够筹措的资金之间的缺口日益扩大。

● 麦肯锡估计，从 2013 年到 2030 年，仅仅从能够跟上全球 GDP 增长而言，全球基础设施投资所需资金高达 57 万亿美元，这一金额比现有全球全部基础设施的估值都要高。

● 上述世界银行对非洲基础设施的研究表明，资金缺乏这一问题本身可能就是基础设施提供中其他问题的一个表现，比如，非洲地区基础设施，占缺口资金 35% 的资金（即：170 亿美元）是由于治理不善、投资规划不周、维护投资不足、服务收费偏低所导致的资金利用效率与运营效率低下引起的。

2. PPP 在基础设施融资中的作用

许多国家政府靠传统模式无力满足基础设施增长的需要时，便寄希望于 PPP，但是 PPP 是否能真正增加政府的基础设施投资还要取决于项目本身特点以及政府的特定资金和融资约束。PPP 在基础设施资金方面的作用主要表现在以下三个方面：

● 一些类型的 PPP 通过私人部门对用户收费或通过对资产更好利用来扩大新的资金收入，从而增加基础设施供给和效率。

● 某些政府将 PPP 作为一种融资机制，主要解决短期的现金预算约束。

● PPP 还可以帮助政府解决公共部门借款约束的问题。

3. 采用 PPP 需要避免的误解和陷阱

● 陷阱一：PPP 被用来规避对公共开支的管理控制。虽然有些情况下 PPP 能提高基础设施建设的"资金空间"，但对"政府付费的 PPP 项目"而言，其实与传统的政府债务融资的公共采购模式本质区别不大，因为最终投资还是从"公共钱包"中出。其实，上述 PPP 的优点主要来自财政关于现金预算限制或公共部门债务定义的会计规则。若不考虑采用这种模式带来的效率优势，PPP 其实反过来会带来两个弊端：说得轻点，这可能导致预算问题；说得严重些，这可能诱导政府部门不加谨慎地更多地去投资，因为政府官员面临着改善基础设施的政治压力。

● 陷阱二：财务风险。PPP 模式下，政府一般也需要分担某些风险，这虽然与 PPP 项目需要参与各方合理分担风险的原则是一致的，但却可能给政府带来一些或然债务，此

---

❶ 王丽丽：好一朵带刺的玫瑰——访我国著名 BOT 专家王守清教授 . 施工企业管理，2012。

类债务甚至比传统投资模式下的直接债务和前期基本建设投入更难估量，带来的潜在风险可能远超预期，或超过谨慎财政管理下的风险。PPP模式下，政府部门往往对项目"偏爱乐观估计"，乐观预测可能导致政府同意诸如"需求担保"等承诺，甚至为了避免补贴而过高估计服务需求量，导致经济上实际不可行的项目得以推行，导致成本过高和收益低于预期，若干类似项目累计会带来巨大的财务风险，无法实现采用PPP模式的"物有所值"目的。

【内容解读】

本指南在这一部分分析了PPP模式对于加大基础设施的投资方面的资金作用，但同时给出了采用PPP模式应避免的两个陷阱：一是把PPP作为绕过公共财政管理控制的手段；另一个是政府对PPP项目的乐观偏爱决策和担保可能带来的财政风险。这是在国际范围内常见的政府官员的习惯思维，由政治诱因所致。本指南中给出了几个案例。

（1）哥伦比亚政府在1990年代为收费公路与机场提供了"最低收入担保"，也为电力项目的电力采购协议提供支付担保，由于实际需求量远低于预期，加上其他问题，截至2005年，政府为此支付了20亿美元。

（2）韩国政府在1990年代为一条PPP道路项目20年的预计收入的90%提供了担保，该道路连接首尔与Incheon的新机场，但道路投入运营后，实际通行量不到预测量的一半，政府每年不得不为此支付数千万美元。

（3）墨西哥政府在1989到1994的5年时间内，对道路大规模地采用特许经营方式，总数达50个，累计5500km。此类特许经营项目股本并不是以现金形式缴纳，而是采用以提供工程服务形式作为股本（Sweat Equity），项目融资的杠杆率很高。项目的债务融资采用浮动利率，由当地银行提供，多为国有银行，借贷也多出于政府压力。截至1997，由于实际交通量比预期低，加上利率升高，政府不得不重构整个特许经营计划，最终为此买单。政府收回25个特许经营项目，并承担了77亿美元的债务。

（4）为了将空中交通管制职能从民航管理局分离，英国国家空中交通服务总公司（NATS）被部分私有化。根据一项PPP安排，民航管理局根据空中交通量支付NATS，为此成立的PPP项目公司接管了为空中交通服务投资和运营的大量债务，但9.11事件后，空中交通量低于预期，PPP公司很可能无力再履行其债务偿还义务，为了降低空中服务中断带来的风险，英国政府向项目公司追加注入了1亿英镑。

以上案例揭示了PPP项目对政府部门可能带来的隐性债务风险。因此，可以说，PPP模式只是改善基础设施一种模式，识别在什么条件下采用PPP模式，以及如何采用PPP模式，从根本上提高对基础设施的投入—产出绩效是问题的关键。由于上述案例中的问题由政府带来的担保而致，下面我们介绍一下PPP项目涉及的政府担保类型以及性质。

当政府部门寻求私人部门投资参与基础设施建设与运营时，私人部门往往会要求政府提供财政支持（Fiscal Support）。财政支持的形式包括基于产出的现金补贴、非现金赠予、税收优惠、资本投入以及对某些风险的担保。有学者从广泛意义上将政府对私人投资的财政支持界定为政府担保，认为，政府为了基础设施项目融资、建设、经营等目的与项目投资者所签订的一切有利于项目融资实现的合同、政府所做出的承诺、保证以及支持慰问信等都是政府担保❶。本指南所指 PPP 项目中的政府担保主要是指政府对 PPP 项目某些风险的担保,实践中常见的 PPP 项目政府担保包括:最低回报率担保、最低收入担保、汇率风险担保,对于火电 PPP 项目,政府可能会提供购电担保和燃料供应担保,比如我国广西来宾 B 电厂 BOT 项目中,广西壮族自治区政府提供了购电担保和燃料供应担保,并且提供了外汇兑换担保;对于交通项目,澳大利亚悉尼港隧道项目中政府提供了最低收入担保。

政府为 PPP 项目提供担保对于吸引私人部门投资基础设施项目确实有重要促进作用,而且政府在开始提供担保时不需要有现金流支出,加之政府部门因对担保风险的认知偏于乐观,往往导致政府部门轻易作出担保决策,将政府置于巨大的财政风险之中,而不恰当的政府担保还易助长私人部门的机会主义行为,因此,根据国际经验,政府部门在做出担保决策时应至少遵循以下原则。

第一,尽量避免可能将政府置于巨大财政风险之中的政府担保,比如最低回报率担保、最低收入担保和汇率风险担保,实践中政府在项目运营期因此而陷入财政困境的例子并不鲜见。

第二,尽量避免为投资者提供总体回报率担保,以防投资者道德风险。比如,如果政府为基础设施投资者提供总体回报率担保,这会使投资者缺乏节约成本、增加运营收入的激励。

第三,政府收入担保比回报率担保更有利于促进私人部门管理成本。政府收入担保的实现还可以采取延长特许经营期的方式。

第四,为激励私人部门,政府收入担保可以采取有条件担保或损失部分担保的方式。比如,墨西哥和韩国为收费公路提供的政府收入担保规定,只有在项目债务偿还面临问题时,政府才会支付;在南非,政府提供的收入担保只负担收入缺口的一半。

第五,为激励私人部门,政府还可以采取从属贷款的方式取代政府收入担保,匈牙利和墨西哥就采取这种方式,为收入低于某一界限的项目提供政府从属贷款,而不是无偿的政府支付。

第六,任何形式的政府担保对政府来说都有风险,一旦政府为私人部门投资基础设施项目提供了担保,就必须对担保风险进行管理,以免助长私人部门的机会主义行为,避免将来陷入财务危机。

1.3.2 规划不善与项目选择

【指南内容要点】

政府投资的项目,前期投入资源往往不足,项目选择不当,建设完成后不能充分利用,运营成本极高,此类状态项目的出现,往往由以下原因所致。

● 前期规划与协调不善:项目前期,需要良好的部门规划以及跨部门的协调,以保证选择出"物有所值的最好的项目",否则,负责机构就不能对项目做出全面评价。

● 项目可行性分析缺陷:项目选择分析时往往夸大项目预期收益、低估成本、高估服务需求量,这样有缺陷的项目选择分析,使前期看起来成本—效益分析结果很好的项目

---

❶ 龚利. 基础设施项目政府担保激励作用研究。北京:经济科学出版社,2011.

到头来实际结果适得其反。

- 政治或个人利益影响项目选择过程：结果是，项目本身收益不好，成本一再追加，投资效率降低，国际货币基金组织研究显示，导致这一现象的原因之一是腐败。

针对这些问题，采用 PPP 可以对解决上述问题有所帮助。

- 采用 PPP 模式的项目，由于私人投资者的收益主要取决于正确的项目投资额与收入额，因此他们会利用他们的专业优势进行恰当的分析，从而改进项目选择的质量。

- 由于经验和利润驱动的动机，项目贷款人在对待项目的选择上更加谨慎，标准普尔的一项研究表明，对于投资一项收费公路项目，银行远没有开发商和政府对交通量的预测乐观。

- PPP 项目招标过程也可以帮助过滤一些不可行的项目：对于项目投资，若要求私人发起人和银行承担成本与收益风险，若项目财务不可行，这不可能吸引投资人的兴趣，但应注意，若政府提供担保，此类财务上不可行的项目也可以吸引到私人投资，但这降低了 PPP 的"过滤能力"。

- 但 PPP 在解决项目规划不善和项目选择问题上有其局限性。

- 尽管 PPP 具有上述特点和过滤能力，但由于最终选择项目的权力在政府，PPP 反过来可能负面影响项目上马顺序，那些本不应立即上马的项目，却由于采用 PPP 模式而立项了。

- PPP 模式本身并不能改善项目规划，反之，由于 PPP 合同的长期性，后期的调整不是太灵活，因此，对前期规划提出更严重的挑战。

- PPP 模式在提高项目前期可行性研究水平上也有局限性，虽然没有政府部门严重，但私人投资者也具有预测乐观的倾向，根据标准普尔的研究，即使最保守的银行对收费公路的交通量预测也会高估近 20%；另外，若私人投资者不承担某些项目风险，比如交通量风险，私人投资者对可行性分析也会懈怠。

- PPP 模式同样不能消除腐败，若项目受政治或腐败影响，所选择的 PPP 项目也会同样面临潜在的不可行，影响采用 PPP 模式的效果。

【内容解读】

虽然 PPP 模式能在项目前期规划和分析方面有一定的优势，但由于项目立项的复杂性，这些优势有时非但不能发挥，反而会适得其反，因此，如何治理 PPP 项目则是一个关键问题，本指南第二模块给出了 PPP 项目制度安排与治理对策。

实际上，采用 PPP 模式是个双刃剑，从正面意义上来讲，由于 PPP 项目意味着政府部门与私人部门签订长期的合同，若在规划之后，政府部门想对规划进行修改，则必然导致重新谈判，付出很大代价，因此，政府部门会在前期对项目规划更加谨慎；但另一面，由于私人投资者以追求利润为目标，而政府部门的官员因任期导致的政治问题，希望项目尽快启动，不希望陷入长期的项目前期谈判，这一切反而导致了私人投资者更希望未来做出规划调整，给己方带来调整机会，因为项目前期涉及公开竞争问题，而项目一旦实施，私人投资者和政府部门反而陷入"双边锁定"状态，此时提起双边重新谈判，私营投资者的博弈能力更强。实践中，第二种情况要严重得多。

因此，不能把 PPP 当作解决传统模式带来问题的灵丹妙药，而是要识别：什么样的项目适合采用 PPP 模式。如何通过恰当的制度安排和治理机制，发挥 PPP 项目的优点，

而避免其弱点。

1.3.3 管理不力

【指南内容要点】

传统政府投资管理模式特点：

- 政府机构管理基础设施的能力与动力都比较弱，这导致基础设施成本增加。
- 世界银行研究显示，在撒哈拉以南地区，由于国有机构投资建设和运营管理基础设施水平低导致的成本每年高达 60 亿美元。
- 现有研究显示，PPP 模式的确能带来基础设施项目投资与运营效率的提高，但此类效率的提高转化为对公众的实际利益仍然取决于政府在 PPP 项目招标、合同设计、重新谈判等环节的强有力管理。

针对这些问题，采用 PPP 可以对解决上述问题有所帮助。

- 与传统政府工程采购模式相比，PPP 模式可以缩短新项目的建设周期和减轻投资超额，据英国国家审计署的统计，采用 PPP 模式建设的竣工延误与投资超额的项目比例要比传统模式下的比例低；在澳大利亚，有两项研究都表明，PPP 项目对投资超额的控制要比传统政府建设模式下好，在竣工耗时方面两种模式相似，PPP 项目前期耗费时间长，但后期实施时却比较快。
- 在竣工的基础设施运营方面，世界银行与相关专家 2009 年分别对 71 个发展中国家或转型国家的 1200 多个有私人参与的项目和 65 个 PPP 及相关项目进行了研究，两项研究都显示出，当私人部门参与时，项目的运营效率提高，服务质量提升，运营浪费减少，服务覆盖面扩大。
- 关于在英国与澳大利亚的 PPP 项目执行情况，见表 1-3 与 1-4。

英国 PPP 项目和政府采购比较　　　　　　　　　　　　　　　　　　表 1-3

来源	对比项	超过预算的项目比重（%）		超过工期的项目比重（%）	
		PPP	政府采购	PPP	政府采购
国家审计署，2003 年	合同期	22%	73%	24%	70%
国家审计署，2008 年	合同期	35%	46%	31%	37%

澳大利亚 PPP 项目和政府采购比较　　　　　　　　　　　　　　　　表 1-4

来源	对比项	平均超预算（占初始成本估算的百分比%）		平均超时间（占初时预计工期的百分比%）	
		PPP	政府采购	PPP	政府采购
澳大利亚基础设施合作关系，2007	从批准至完工	12%	35%	13%	26%
	合同期	1%	15%	-3%	24%
达菲尔德 PPP 绩效评论，2008	原公告至最终	24%	52%	17%	15%
	预算获批至完工	8%	20%	12%	18%
	合同期	4%	18%	1.40%	26%

- 但另一方面，要想实现引入 PPP 模式所期望带来的效率，保证公众真正受益，还

必须依赖政府部门在项目整个寿命周期内，对 PPP 项目规划设计、招标、管理各个环节上建立良好的制度环境与激励机制，实现最优竞争与真正的风险转移，保证 PPP 优点落到实处。

● 要保证 PPP 优点落到实处，除了制度环境和激励机制外，还需要政府部门配置好 PPP 项目所需资源与提高管理能力。

● 对其他地区的观察发现，PPP 项目执行失败而进行再谈判的比例很大，如拉丁美洲和加勒比海地区在 1985 到 2000 年间超过 1000 个特许权协议中，10％的电力项目、55％的交通项目和 75％的水处理项目被重新谈判，这些再谈判发生在特许权授予后平均 2.2 年。特许权授予后不久的再谈判高发生率可能反映了最初招标过程的缺陷、弱政府规制以及私人部门或政府的机会主义行为。再谈判的频繁发生易破坏竞争，使投标者采取策略中标后通过再谈判避开竞争。这反映出 PPP 项目的实施必须有配套的制度环境与社会资源条件，包括私人部门具备实现项目承诺的能力，更重要的是政府部门管理 PPP 项目的成熟度。

【内容解读】

根据管理理论，"当一种管理模式带来问题后，就会有研究并引入新模式来解决此类问题，但新的模式又有可能带来新问题"，政府的基础设施投资建设运营管理也是如此。但管理的真谛在于"在解决旧问题的基础上，又能避免新问题的产生"。关键问题是：政府对基础设施投资建设运营的管理效率高，还是私营部门参与下管理效率更高？现代经济管理理论认为：产品或服务根据其特征不同，可简单地分为两类："纯公共产品/服务"与"纯私营产品/服务"，处于两者中间的称为"准公共产品/服务或准私营产品/服务"，区分的标准有四个：（1）是否可分割；（2）是否有竞争性；（3）是否有排他性；（4）是否可以用货币表示其价值。若回答是否定的，则一般为公共产品或服务，否则属于私营产品或服务。"纯公共产品/服务"由政府提供与管理最有效，而"纯私营产品/服务"由私营部门提供与管理最有效，即：交给市场自动调节其供给和需求。

根据这些特点，基础设施的建设与运营通常被划为"准公共产品/服务"❶一类，因此采用杂合组织（Hybrid Organization）管理也许是最有效的方式，而 PPP 模式是最典型的杂合组织形态，本部分主要认为，传统模式下，基础设施的建设和运营完全由政府部门管理，出现了"管理不力"的情况，而 PPP 引入了私营部门部分地参与，则能提供一种激励机制。对英国和澳大利亚的实证研究结果，也初步证实了这一理论❷。

尽管如此，"引入 PPP 模式，就能解决传统模式下的问题"属于一种简单思维，新的模式也许会解决一些老问题，但同时带来的新问题也需要解决，才能最终发挥新模式的作用。就 PPP 模式而言，新的问题包括：制度环境不配套；参与方相对缺乏经验和技能。除了前面所说的国家外，我国在引入 PPP 模式的发展过程中，碰到的很多问题也多源于此。现代研究表明，影响 PPP 项目成功的风险因素可以分为若干个层面：制度环境层面、

---

❶ 我国关于"经营性项目"、"非经营性项目"、"准经营性项目"的划分与此类似，但划分角度不同。

❷ 当然，由于每个国家的宏观制度安排不同，英国与澳大利亚的经验是否可以推广到其他国家，仍然需要未来进一步研究。

项目本身可行性层面、参与方行为层面[1]。

1.3.4　维护不足[2]

【指南内容要点】

基础设施若得不到恰当维护，会带来巨大的损失。

● 良好的日常维护能提高基础设施的运营质量，延长寿命周期，降低全生命周期成本。

● 根据世界银行的研究，在非洲地区，若对道路进行恰当的预防性的日常维护，每年估计能节约道路大修的费用可高达 26 亿美元。

● 对南非道路运营的一份报告估计，若道路延误三年才进行维护，则其维护成本比进行预防性日常维护成本高达六倍，若延期五年，则成本高达十八倍。

● 美国工程师协会的一项研究表明，若道路得不到良好维护，道路路况差，导致道路用户因车辆受损和行使费用的成本每年高达 670 亿美元，而管道漏水导致饮用水的浪费量则为每日 70 亿加仑。

采用 PPP 模式有助于减少维护不当的情况。

● 无论对于政府还是私人部门，PPP 能激励双方将基础设施维护质量作为一个优先考虑要素。

● PPP 模式使得投资、建设、运行和维护捆绑在一个合同中，这样会激励私人部门高质量建设项目，避免运营期的维护太频繁，导致不必要的附加成本，从而使项目全生命周期成本降低。

● 私营部门会积极进行预防性维护，避免项目竣工后不久就要大修的情况。

● 私营部门会积极进行预防性维护，使得基础设施处于好的质量标准，一是保证了基础设施提供服务的时间，二是便于吸引更多的用户，收取更多的用户使用费或获取政府的支付费用。

● 但上述优势的发挥必须基于良好的 PPP 合同的设计，因为私人公司往往成为垄断的服务提供者，或者政府的监管不到位。

● 一旦私人公司在项目中的股本不大，或不能从项目赚到应有利润，他们会宁肯放弃项目，而不会花高成本去对项目进行维护。

● 特别是到了项目特许期快结束时，如果不能得到为项目维护投资带来的收益，私人部门可能不愿意再为维护投入费用。

● 上述问题可通过好的合同设计来减轻，具体如何设计 PPP 合同来避免上述情况，本指南 3.4 节将有详细解释。

【内容解读】

一方面，PPP 项目使得私人投资公司承担了投融资、建设、运营、维护等一体化的捆绑服务，因此会激励他们考虑项目全生命周期的成本，可能会使得他们更关注建设质

---

[1]　参阅：李冰等的文章 Critical success factors for PPP/PFI projects in the UK construction industry；张水波的文章：PPP application in infrastructure development in China：Institutional analysis and implications。

[2]　此项小标题原文没有，系本书作者根据原文内容添加。

量。另一方面，PPP 模式所产生的"双边锁定"、"经营垄断"、"特许期的有限性"都可能诱导私人公司在某些情况下发生机会主义行为。从实践中看，很多 PPP 项目中途进行重新谈判，甚至出现私人公司放弃项目的情况，这违背了采用 PPP 模式的初衷；另外，我国早期的 BOT 项目，由于对特许期规定的太短，又对移交时项目应处于的质量状态没有规定明确，因此，在项目移交时给政府部门带来很大的后续问题❶。因此，要发挥 PPP 模式的优势，还必须配合有良好的合同约束机制，本指南在后面将详细地阐释如何设计 PPP 合同。

1.4 PPP 项目的融资

【指南内容要点】

PPP 项目的一个重要特征就是将项目融资责任从公共部门转移到私人部门，但政府部门应了解以下三点：

- PPP 项目的私人部门的融资结构。
- 政府部门在私人部门融资过程的作用，即：如何协助、监管，才能有利于项目成功。
- 若政府部门也直接参与 PPP 项目的融资，应理解为什么参与，应如何参与。

1.4.1 PPP 项目的融资结构

- 大多数 PPP 项目合同的私人一方是为该 PPP 项目特设的项目公司，又称特殊目的公司（Special Purpose Vehicle，SPV），是 PPP 项目的中标者为实施 PPP 项目而专门成立的公司。

- 项目公司通过多种方式为项目筹措资金：包括项目公司股东的股本金、银行贷款、债券以及其他金融工具。

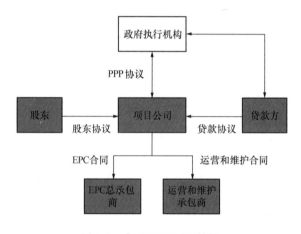

图 1-2 典型 PPP 项目结构

- 项目融资结构指的是项目股本、债务比例以及股东与贷款人权利、义务合约关系等的综合安排；如图 1-2 所示，典型的 PPP 项目结构包括两方面内容：项目融资结构与项目合同结构。

- 政府主要与项目公司签订合同，双方之间的关系为项目主要的合同关系。

- 另外，作为补充，政府部门缔约机构也可能与贷款人等签订直接协议，但此类直

---

❶ 如：我国深圳沙角 B 电厂已经在特许经营期限结束后于 1999 年成功移交给当地政府，虽然总体上项目比较成功，但沙角 B 项目也留下了一些教训，比如，由于特许经营期限较短，很多设施的设计寿命较短，在移交给政府机构后需要重新建设。

接协议仅仅涉及 PPP 特许协议中保护贷款人的若干规定，如：贷款人的介入权、高级债务偿还保证等。

- 项目公司再与工程建设公司签订 EPC 合同，与管理公司签订项目运营维护合同。
- 前期提出项目建议书的股权投资人通常被称为项目股东，此类投资人通常包括：项目开发商、工程建设公司、基础设施管理公司、私募股权基金。
- 在发展中国家，PPP 项目的贷款人通常包括：商业银行、多边或双边开发银行、金融机构，以及养老基金等机构投资者。
- 股权投资属于"先进、后出"资金，即：项目的损失首先由股权投资承担，只有等股权投资全部损失后，贷款人才承担剩余损失，这意味着股权投资人比债务资金提供者承担更高的风险，因此也要求更高的投资回报。
- 由于股本比债务融资成本高，所以项目股东与其顾问构建融资结构的主要目的是采用高债务比例来为项目筹措资金，从而将项目资金成本降低到最低限度。
- PPP 项目的融资❶包括：无追索权项目融资、有限追索权项目融资以及完全追索权融资，其中，无追索权项目融资模式是 PPP 项目采用最多的一种。
- 无追索权项目融资下，项目债务仅仅以项目现金流做担保进行偿还，不得对项目股东追索债务，这样，就使项目公司的还款义务与项目股东分离，无追索权项目融资模式成为项目股东免遭项目债权人追索的"防火墙"。
- 无追索权项目融资下，项目债务比例通常很高，一般在 70% 到 90% 之间，这就意味着：对项目股东而言，这有助于规避风险，并能够"花小钱，办大项目"，对于贷款人而言，则需要严格关注项目现金流与合同结构。
- 尽管无追索权融资下可获得高杠杆投资，但此类债务融资比政府借债或一般公司借债成本高，加上复杂的合同安排与管理负担，对规模较小 PPP 项目可能失去吸引力，因此，许多小型 PPP 项目不再追求筹措无追索权的债务融资，而转向由项目股东提供还款担保的银行借款，这样债务融资成本就会降低，合同结构安排灵活性更强，项目股东提供的还款担保可以是部分贷款担保，也可以是全部贷款担保。
- 降低 PPP 融资成本的另外选择是政府参与融资结构，由政府或政府所有的金融机构为项目公司提供贷款，或者为项目债务提供部分或全部担保。

【内容解读】

本部分主要论述了 PPP 项目两个方面的内容：一是 PPP 项目的融资结构，二是 PPP 项目融资的追索权问题。PPP 项目的融资结构部分主要涉及以下内容：PPP 项目的合同结构、融资结构和各类项目资金的性质。

（1）合同结构

一般在项目前期的招标阶段，一个或若干私人公司发起，联合投标，这些公司被称为项目主办人（Project Sponsors）或发起人，此阶段这些发起人需要签订联合投标协议，规定各方角色，包括在融资、建设、运营方面的分工与合作。中标后，这些项目发起人按

---

❶ 项目融资有狭义和广义两种含义，狭义指的是：以项目资产作为抵押向银行等金融机构融资，债务偿还仅仅以项目的资产及未来现金流作为保证，狭义项目融资的典型特征是债权人对项目发起人无追索或仅仅有有限追索权；广义的含义是指"为项目筹措资金"。

招标文件的要求，与政府部门签订PPP项目预合同（或投资协议），之后根据招标投标阶段的安排，按规定的时间成立项目公司，此时前期的项目主办人转变为项目股东，此后就有关PPP项目的所有交易，都由项目公司来进行。当项目公司在规定时间内完成融资关闭，前期签订的PPP项目预合同或投资协议就转化为项目公司此时与政府部门正式签订的特许权协议。就项目融资，项目公司与贷款银行等机构签订贷款协议；就项目建设，项目公司与工程公司签订建设合同，一般为EPC合同；就项目运营，项目公司与运营公司签订运营合同；对于某些需要集中销售产品的项目，如电力项目，项目公司还必须与承购机构签订承购协议；若项目运营需要稳定的原料供应，如火电站，则项目公司还必须与供应商签订原料采购合同，这些合同安排并不是相互独立的，其中，特许协议为最基础的合同，其他合同必须符合特许合同的规定，特别是融资合同。尤其对于无追索权的银行贷款协议，贷款银行承担的风险很多，银行会在协议中对项目公司提出很多要求，如：在项目出现问题时银行有权介入，执行具体的管理权，另一方面，由于项目的公共性质，在特许协议中，政府也会规定享有此类介入权，这样合同之间可能存在冲突，因此，有些项目，政府可能需要与贷款机构签订直接协议，就相关事项作出安排。

在PPP项目合同结构中，项目公司往往是核心主体。由于PPP项目的特点，政府部门招标时通常要求项目发起人成立一个项目公司，常常被统称为"特殊目的公司"（Special Purpose Vehicle），一般是有限责任公司，发起人转变为股东，并签订股东协议；如果发起人多于法律规定数量，并且通过公开发行股票募集部分股份，这样的项目公司便属于股份有限公司。公司制项目公司是与投资者分离的一个独立的法人实体，股东以其股份比例承担有限责任，项目公司以其全部资产作为对其债务承担责任的组织形式，是项目融资的主体。此类组织形式的优点是：公司股东承担有限责任；项目融资资产负债不出现在股东资产负债表上，属于表外融资；项目资产集中，投资转让灵活。缺点是：股东缺乏对项目现金流直接控制；不能利用项目公司前期的亏损冲抵投资者其他业务的利润，导致投资者不能充分利用项目前期的税务亏损；存在"双重征税"问题，项目公司盈利需要缴纳公司所得税，投资人的分红仍需要缴纳公司或个人所得税。

除了公司制的项目公司结构外，运行PPP项目的组织形式还可以采用有限合伙制结构，包括普通合伙人和有限合伙人。普通合伙人负责项目的组织和管理工作并对合伙制结构债务负有无限责任，而有限合伙人不参与项目管理，对合伙制结构债务负有有限责任。合伙制结构本身不是独立的法律实体，也不是纳税主体，每个合伙人将合伙制结构分得的收入与其他收入合并纳税，可以很好地利用项目开始的税务亏损，这是有限合伙制的主要优势。

若从银行等金融机构和政府机构来看，成立项目公司更有助于监控PPP项目的现金流，方便对项目的投资以及项目运营期间的收入进行跟踪。

（2）融资结构

项目的融资结构是指项目的投资结构、资金结构和资信结构三者的综合结构❶，具体包含两个方面的含义，一是项目不同类型资金的比例，即股本资金和债务资金的比例；二是项目公司与贷款银行等金融机构关于资金的权利、义务的安排。股本资金和债务资金比

---

❶ 叶苏东编著《项目融资理论与案例》第10页。

例的确定需要考虑两个方面的内容：法律的规定、资金的成本与可获得性。对于不同的项目，可能要按照法律规定投入一定的资本金。一般对于风险较小，政府鼓励的优先项目，资本金比例通常比较低，反之则高，这主要防止项目投资人的投机行为，保证项目能够顺利进行。我国法律规定❶：钢铁、电解铝项目，最低资本金比例为40%；水泥项目，最低资本金比例为35%；煤炭、电石、铁合金、烧碱、焦炭、黄磷、玉米深加工、机场、港口、沿海及内河航运项目，最低资本金比例为30%；铁路、公路、城市轨道交通、化肥（钾肥除外）项目，最低资本金比例为25%；保障性住房和普通商品住房项目的最低资本金比例为20%；其他房地产开发项目的最低资本金比例为30%；其他项目的最低资本金比例为20%。特殊情况，经过国务院批准，资本金可以适当降低。从投资人的角度来讲，投资人一般倾向于高比例的债务资金，以提高收益。

（3）项目资金类型

根据资金的性质，项目资金可分为股权资金、高级债务资金和次级债务资金。股权资金是指投资人投入项目的资本金，又称权益资本，在项目收益分配和清算偿还时的优先顺序排在最后，因此股权资金承担的风险最大，要求的回报率也最高；高级债务资金是债权人以有偿方式向项目提供的需要优先偿还的资金；次级债务资金是介于股本资金和高级债务资金之间的一种债务资金，在清算时的优先顺序低于高级债务但高于股权资金，又称夹层资金（Mezzanine）、准股本资金或从属债务（Subordinated Debt），实践中最常见的次级债务资金包括无担保贷款，可转换债券和零息债券等。项目融资中，次级债务资金在满足股债比要求时，等同于股权资金，但作为一种债务，其利息仍与高级债务的利息一样，可以免税。

关于PPP项目的追索权问题，如果PPP项目采取的是无追索权项目融资模式，那么偿还贷款的资金仅仅限于项目公司未来运营项目的收入，而不能向权益投资者追索，因此，项目融资模式对于PPP项目权益投资者来说具有免遭项目投资失败时被债权人追索的"隔火墙"作用。而债权人为了保障贷款的安全偿还，会要求建立一套合同保障机制及相应充分的尽职调查，这会大大增加融资的交易成本。因此，无追索权项目融资对一些交易规模较小的PPP项目缺乏吸引力。为了使合同安排更灵活，或为了降低融资成本，许多规模较小的PPP项目对无追索权项目融资结构进行了改进。一种情况是由项目股东为项目公司债务提供部分或全部担保，如果是提供部分担保，则将无追索权融资转变为有限追索权融资；如果是提供全部债务偿还担保，项目融资则变成了传统公司融资，债权人对公司股东除股本投资之外的资产有完全追索权。

另一种情况是政府加入到融资结构中，政府或政府所有的金融机构为项目公司提供贷款，或为PPP项目的债务提供部分或全部担保。如果政府为项目公司债务提供了部分或全部担保，则把债权人的债务追索权引到了政府部门。

1.4.2　政府方面的考虑

【指南内容要点】

对于PPP项目融资，一般由私人部门主要负责，并建立相应融资结构，但政府也关

---

❶　国务院关于调整固定资产投资项目资本金比例的通知（国发［2009］27号）。

注以下几个方面。

（1）项目的可融资能力

● 可融资能力指项目不仅能吸引到股本资金，还能借到必要数量的债务资金。

● 项目吸引债务资金的能力取决于贷款人对项目公司还款能力的信心，项目融资模式下，项目公司的还款能力取决于项目运营期的现金流是否充足，项目的运营现金流必须能够偿付债务并在偿债之余还有一个可接受的"富余量"，这个"富余量"必须能够覆盖运营现金流的变动风险。因此贷款人会谨慎地评估项目风险以及风险在合同各方间的分担状况。

● 若私人部门分担了太多的风险，贷款人就会降低贷款量，直到项目现金流的富余量达到其可接受的标准；若贷款人降低贷款量，则私人部门需要增加股本投入，但股权持有人会期望项目公司给予他们更高的收入回报，与他们承担的风险相匹配。

● 从政府角度看，要保证项目的融资能力，关键是确保项目的技术和财务可行以及恰当的风险分担。而贷款者和股权投资者的目的是降低自身的风险并最大化自身收益，所以政府在 PPP 结构设计中承担了一个难度较大的平衡作用：保证 PPP 项目可融资的同时，抵御要求政府承担不必要风险的压力。

（2）容许的债务量限制

● 项目股东一般更倾向于高的债股比，因为这能够使股东获得更高收益，融资结构也更好管理。

● 由于政府常常对债务投资人提供比对股权投资人更高的保护，因此这又进一步推高了杠杆率；然而，一旦出现违约和破产情况，高杠杆率就会带来很大问题。

● 为了保证一个可持续的杠杆水平，保证有足够的股本资金投入项目，政府可考虑规定一个 PPP 股本资金比例的最低要求，若政府计划为债务人投资提供担保，这个股本金最低要求就更为重要；但规定最低股本资金投入则会限制投资人选择资本结构的能力，推高资本成本。

● 设计好各类担保以及终止支付条款则有助于避免推高债务和杠杆率。

（3）从授予合同到融资关闭间的风险

● PPP 项目前期的执行程序中：政府有时候与私人投资者先签订特许权合同，之后私人部门安排融资，这就会带来一个风险，即：双方签订特许权合同时，双方还不能完全确定能否最终筹集到项目所需资金。

● 在这一段时间，贷款人需要完成包括仔细审查 PPP 项目各类协议❶的尽职调查，并在贷款协议中纳入"前提条件"，即：项目公司提款前必须满足的条件。

● 这一过程可能带来风险，即：中标人如果不能最终按约定的条件获得项目所需贷款资金，项目将面临延期或流产。这种情况下，政府会面临压力修改已签订的特许权合同来满足贷款人的要求，因为此时若再启动重新招标程序，时机已晚，会打乱整个项目计划，导致政府方面付出巨大的交易成本。

● 政府应对此类风险的策略有几个：要求投标人提供投标保函，规定若不能按时融

---

❶ 这一阶段在项目融资中通常被称为"尽职审查过程"（Due Diligence Process）。

资到位，就没收投标保函；要求投标人在投标时就附有银行的贷款承诺❶，也就是说，银行在投标前就完成了"尽职审查过程"；引入"预定融资"，即政府提前安排好一个"一揽子融资包"，并在招标时提供给投标人，中标人有权选择此"一揽子融资包"，但可以不用，仍由他们自行安排融资计划。

（4）项目债务再融资

● 再融资就是项目股东"借新债还旧债"，有如下两个方面的原因。

● 一是项目股东在中标时无法获得与项目运营期匹配的长期债务融资，因此，作为权宜之计，先获得短期贷款以便项目开展，但这可能导致一个风险，即：等到未来再融资时可能无法得到所期望的贷款条件。

● 二是未来资本市场上贷款的条件变得有利于项目公司，即：基础设施项目周期很长，项目开始时，资本市场贷款条件比较苛刻，但在项目到了一定时间，资本市场上的贷款条件变得对项目公司有利了，这样若进行再融资安排，就可以获得比原始贷款更优惠的条件。

● 针对再融资风险，应对措施包括：PPP 合同❷中应规定此再融资风险由哪一方承担；引入"备用融资计划"，即：找到一个备选贷款银行，让其承诺在未来某一个时间点"接盘项目贷款"，这样就可以激励原贷款银行提供较长时间的贷款。

● 针对再融资得到的额外收益，政府需要事先考虑如何分配，包括：让项目股东独享此收益，这样股东就可以多分红；让项目股东与用户分享此收益，具体做法是通过规制或 PPP 合同规定，再融资收益必须反映到项目资产或服务的价格调整中；在 PPP 合同中规定，政府有权要求项目公司对项目债务进行再融资，引入此类规定的条件是，政府相信未来资本市场上借款的条件会变得更优惠。

（5）贷款人与政府的项目介入权

● 介入权就是根据合同或法律，政府或贷款人在某些情况下有接管项目公司的权利。

● 政府享有介入权的情况包括：项目出现健康、生产安全风险；国家安全受到威胁；法律要求政府接管项目；项目公司不能履行项目服务。

● 贷款人享有介入权的情况包括：项目公司未能履行还款义务；项目公司由于未能履行项目服务而面临 PPP 合同被终止的威胁。

● 无论政府还是贷款人，对行使介入权的条件和具体时间应有一个清晰的规定，这样，一旦问题发生，他们就能启动补救措施。

【指南内容解读】

本部分论述了 PPP 项目融资的几个关键问题：项目融资能力、融资杠杆率、融资关闭风险、再融资管理以及项目介入权。

1. 项目融资能力

政府在前期设计 PPP 项目时，不能一厢情愿，需要综合考虑政府风险、项目投资人目标回报率以及贷款人的要求，以取得各方的利益平衡，项目才能顺利进行，避免无人来

---

❶ 此类投标被称为"有资金保证的投标"（Underwritten Did）。

❷ 本书中除上下文明确表示之外，PPP 合同与特许权合同、特许权经营协议等同义。

投、项目流标的情况❶。从本质上讲，若PPP项目无法吸引足够的股本和债务资金，则项目实施无从谈起，但要使项目具有投资吸引力，就要让股权投资人认为有利可图；让贷款人认为项目还款有保证。要想实现这一点，关键在于未来项目竣工后的运营现金流收入是否能达到投资人和贷款人的期望。

就贷款银行来说，项目运营后的现金流必须满足还款要求。在国际金融界，银行评估项目融资债务偿还能力的主要指标有三个：

（1）年度债务覆盖率（Annual Debt Service Cover Ratio，ADSCR）：贷款偿还期内项目年度运营现金流（运营收入减去运营费用）与项目当年需要偿还的债务数额的比值。在最初的现金流预测中，贷款方会关注贷款期内每年的预测债务覆盖率，对不同类型项目的ADSCR有不同的要求，比如通常情况下，签有项目协议而且没有使用风险的项目（如医院、监狱）为1.2:1，签有包销合同的电厂或加工项目为1.3:1，具有市场风险的基础设施项目（如收费公路）为1.4:1，自然资源项目为1.5:1，而没有包销合同或价格风险对冲的商业电厂项目则为2.0:1。对于有非常规风险的项目或处于信用风险较高国家的项目，一般会要求更高的ADSCR。

（2）贷款周期债务覆盖率（Loan-life cover ratio，LLCR）。贷款期内预测的运营现金流的净现值与计算日的债务余额的比值。对于初步评估项目的整体债务偿还能力和持续评估剩余期内的债务偿还能力，LLCR是一个非常有用的指标。对于一般项目现金流的预测，起始的最低LLCR要高于最低ADSCR10%左右。

（3）项目周期债务覆盖率（Project life cover ratio，PLCR）。项目债务偿还前项目整个净现金流现值与债务余额的比值。如果债务按时偿还有困难，贷款方需要核实项目在债务到期后是否还有能力继续偿还，这时就要用到PLCR。PLCR的值要高于LLCR的值，贷款方往往希望PLCR比最低的ADSCR高出15%到20%。对于自然资源类项目来说，PLCR通常指储量债务覆盖率，贷款人往往对贷款期后一段时期内可继续开采的探明储量有特别的要求，所以PLCR或储量债务覆盖率对资源类项目更为重要。

上述债务覆盖率指标根据项目风险的大小会有所调整，一般项目风险被评估得越大，债务覆盖率要求越高。

另外，由于项目收益需要用于多方面开支，包括：经营管理费用，资产维修费用，税收等费用，债务偿还费用等，因此为控制项目现金流，规定项目收益使用的优先顺序也很重要，这通常在项目融资文件中称为"现金流瀑布"（Cash Flow Cascade）。一般项目现金流使用的优先顺序为：首先支付为保证项目持续运营需要支付的所有成本，包括运营和维护成本以及需要缴纳的税款，然后支付代理银行和担保受托人相关费用，接着依次偿还贷款利息和本金，然后向债务偿还储备账户和其他储备账户拨付，最后支付投资方红利，如果还有剩余现金的话，可以提前偿还贷款。

---

❶ 2011年巴西预计全长约510.8公里TAV高铁（从巴西的旧都里约热内卢，经圣保罗到达坎皮纳斯）采用PPP模式招标，按预公告PPP招标合同安排的条件，潜在的投标人认为项目不具备融资能力，要求巴西政府修改招标条件，但巴西政府仍坚持原条件招标，虽然多次延长投标提交截止日期，结果，包括中国在内的多家潜在投标人都没有提交实质性的投标书，导致招标失败，项目最终没有实施。

2. 项目融资杠杆率

项目股权投资人通常倾向高杠杆率，这是因为：一是高杠杆率能给股东带来高回报，二是项目债务筹资也相对容易些，因为在资本市场上，筹集债务资金要比筹集股权资金更容易。除此之外，高杠杆率意味着股东的投入股权资金比例低，这样会降低项目股东的投资风险。因此，若要想吸引股权投资人投资的积极性，政府就要尽可能降低对股本金比例的要求，同时为项目债务资金提供担保，以便银行可以接受高杠杆率。但另一方面，高杠杆率对政府和贷款银行有较高的风险，因为，一旦项目公司违约或破产，就会给政府和银行带来很大问题。因此，政府要通过法律规制或PPP合同对股本资本金有最低限制，同时，政府也不要过分保护"债务资金"，否则，就会激励贷款银行对杠杆率的不关心。因此，政府在确定杠杆率的最低限额时，要在"吸引私人股权投资"与"激励私人部门保持PPP项目可持续性"方面取得平衡。

3. 项目融资关闭风险控制问题

指南中从政府方面提出应对在PPP合同签订后项目资金不能及时就位的风险控制策略。虽然这些策略能在一定程度上保护政府方面的利益，激励投标人在投标前做出具体的融资安排，但若政府过度依赖，则会带来另一方的问题。比如，如果投标保函要求苛刻，项目投标人就会觉得风险太大，投标人数量就会很少甚至流标，或者投标人就会抬高对项目投资收益的期望值；若要求投标人在投标时就获得贷款银行的贷款承诺，这可能加大投标人获得银行贷款的难度，因为这意味着贷款银行需要提前对项目各类文件与信息进行审查和评估，而此时属于项目早期，各类信息既不充分，也不准确，加大了银行的负担和风险，愿意为项目贷款的银行数量就会更少，投标人选择贷款银行的成本更高。政府引入"预定融资"策略则是比较可取的，这实际上不但解除了投标人的融资后顾之忧，同时也引入了贷款人为项目融资的竞争问题，实际上，预定融资策略在国际并购与收购交易中是一项常用的策略，但采用此策略，意味着政府需提前在寻找贷款银行方面投入一定的前期工作，并保证他们的融资条件不太苛刻。

4. 项目债务的再融资问题

指南中清晰给出了再融资的两个原因：一是项目开始时无法获得长期融资，因为PPP项目周期长，银行有时对长期融资不感兴趣，因此再融资是项目公司不得已而为之的策略；另一个是未来某时间资本市场上融资条件可能变好，投资人获得融资的成本更低。前一个策略面临风险，即：若未来资本市场变坏，项目公司不能以预期条件获得资金，则未来再融资成本就会增加；后一个策略会带来额外收益。如何分担风险和分享收益，政府应有所考虑，并在PPP合同中规定清楚。指南中给出了分享潜在收益的几个策略，具体采用哪一种，则需要综合分析，若收益全部归项目公司，这可能激励他们更愿意进行再融资安排，但对项目服务用户不公，因为收费标准是基于原成本和收入制定的；若收益全归政府/用户，则不能激励项目公司再融资，即使合同中规定政府有权要求项目公司有义务进行再融资，但在具体操作层面也很难控制，因此，收益在项目公司与政府/用户之间按一定比例分享，是一种可取的策略。

5. 项目贷款人与政府的项目介入权

指南中清晰给出了政府与项目贷款人通常介入项目的情形，但由于介入会影响整个项目实施计划，如政府介入会影响到贷款人的利益，而贷款人的介入可能影响政府的利益，因此在介入权方面一定要做出交叉安排。实践中，政府与贷款银行签订一个直接协议，对每一方介入项目做出具体安排，防止在项目公司和政府签订的 PPP 合同与项目公司和贷款银行签订的融资协议之间出现冲突。

1.4.3 PPP 模式中公共资金的作用

【指南内容要点】

虽然 PPP 项目融资一般由私人部门主要负责，但也不一定完全采用私人融资来实施 PPP 项目，政府仍可以为项目提供资金，本部分内容主要包括政府为 PPP 项目提供资金的优缺点以及政府为 PPP 项目提供融资支持的具体方式。

1. 政府为 PPP 项目提供资金的优缺点

（1）政府为 PPP 项目提供资金的优点

● 避免私人部门收取过高的风险费。私人部门会为其承担的项目风险收取风险费，然而，政府部门可能会认为，相对于私营部门实际承担的风险，其收取的风险费过高，但具体高多少，政府实在难以判断。而如果政府为新建项目或在金融危机期间为项目提供融资，则有利于降低私人部门过高的风险费。

● 降低"政府风险"：若项目收益依赖于政府的经常性支付，这会给私营部门带来风险，提高项目成本。在政府的支付信誉遭到怀疑的情况下，采用贷款或赠款的形式对项目进行前期补贴或预付款项，则可以提高项目融资能力并降低项目成本。

● 资本市场不力时改进项目财务活力。若资本市场不发达或资本市场功能中断，从资本市场上获得长期贷款资金可能会受限，此时政府以在资本市场上无法获得的条件提供融资，然后将此类资金再转到项目上，则有益于降低基础设施项目成本，这也可能本身就是鼓励国家融资机构为社会发展提供优惠贷款的宏观政策的一部分。

（2）政府为 PPP 项目提供资金的缺点

● 政府为 PPP 项目提供融资降低了私人部门的资金投入，弱化了对私营部门创造"物有所值"的激励，当项目实施出问题后，私营部门更会采取不负责的态度而轻易放弃项目，从而减少了向私营部门的风险转移。

2. 政府为 PPP 项目提供融资支持的具体方式

（1）直接向项目公司提供贷款或赠款。政府可以贷款或预先给予补贴的形式为项目直接提供融资，这对于那些如果没有政府资金就无法实现财务可行的项目尤为关键，使项目可以较好的条件实现融资，降低项目成本。另外，政府为项目提供资金的意愿还可以作为一种信号增强私人部门的信心。

（2）为项目公司提供股权资金。如此，政府可以更好地获取与项目公司财务表现有关的项目信息，使政府更多地参与项目的战略决策，分享项目的投资收益以改善物有所值。然而，政府参股也会给私人部门带来风险，若管理不当，则易引起公、私部门间的冲突。

（3）为项目商业贷款提供担保。除了直接为项目提供贷款，政府还可以为项目的商业贷款提供担保。但是政府的项目债务担保降低了风险向私人部门的转移，因此政府往往只为项目债务提供部分担保。政府在提供债务担保时必须非常谨慎以防增加自身的财务风险，减少物有所值。

（4）福费廷模式。政府付费的项目可采用福费廷模式。这种模式下，项目一旦完工并符合要求，政府就会签发对项目公司部分成本的无条件支付承诺，这部分支付往往足以偿付债务。政府的这一完工支付承诺会降低项目融资成本，但也意味着政府自留了过多的风险，而贷款银行则会因为贷款偿还不再依赖于项目运营业绩而缺乏对运营的关心。

（5）让开发银行或其他国有金融机构参与项目。许多政府成立了公有的开发银行或其他金融机构，这些机构如果按照商业金融机构模式运营，则在评估 PPP 项目的财务可行性方面比政府更专长，尽管这样的机构可能会在政治压力下降低尽职调查和项目结构的质量。

【内容解读】

本部分包括政府部门为 PPP 项目提供资金优缺点及其具体方式。一般认为，正是由于政府缺钱，才引入 PPP 模式来解决政府资金压力，若政府提供项目资金，是否违背 PPP 模式的初衷？这是对 PPP 模式的一种狭隘的理解。事实上，PPP 模式是政府与私人部门分工与合作的一种机制，主要涉及三方面：项目筹资、工程建设、项目运营和维护服务。双方可以在这三个方面进行任何形式的分工与不同程度的参与和协作，目的是提高效率和保证公平，实现物有所值。政府提供全部或部分资金是多种方案中的一种。

任何一种管理决策可能都存在优缺点，问题的关键是找到采用某种方式的适用条件和情形，获得最优决策点。如指南内容中所述，政府为 PPP 项目提供资金有弊也有利，但似乎更适用于资本市场不发达或资本市场混乱的时期。下面具体分析一下政府提供资金在每种形式下的应用情形。

（1）直接提供贷款或赠款

这主要适用于收益不足的准经营项目，赠款实际上是一种前补贴形式，能提高项目融资能力，使项目变得财务上可行；政府提供的贷款常常为无担保贷款，具有从属贷款或夹层资金的性质，能弥补项目资金不足，有助于吸引投资人和融资机构，建立投资人与融资人对项目的信心，这样才能使得项目采用 PPP 模式得以实现。如本指南给出若干国家的做法：美国"交通基础设施融资与创新法令"就鼓励此种方式；印度从国家预算中拨出资金，设立"经济可行性缺口基金"，对 PPP 项目提供事前资本投入补贴；2008 年金融危机后，英国政府为避免某些项目因缺乏资金流产，英国财政部建立了"基础设施融资机构"，以商业利率向未能从银行获得资金的 PPP 项目贷款。该机构 2009 年 4 月为"曼彻斯特大水厂项目"提供贷款，后续证据表明，这一行为提高了市场信心，起到了很好的示范作用：截至 2010 年 7 月，后续的 35 个项目在无公共资金参与的情况下也在各方中达成一致，开始实施了。

（2）为项目公司提供股权资金

政府根据法律与 PPP 合同对 PPP 项目进行规制和管控，但对项目的微观层面，尤其是财务层面，可能了解不足，导致合同双方之间的信息不对称，导致私人部门的投机取巧行为。若政府为项目公司提供少量股本资金，不但减轻私人部门的筹资压力，为贷款人带来项目信心，提高项目融资能力，政府还可以作为股东更好地了解项目信息，尤其是项目的现金流，并可深度地参与项目的决策，真正实现 PPP 项目的"物有所值"目标。英国、荷兰等国采用此策略。

（3）为项目商业贷款提供担保

政府为项目商业贷款提供担保是个"双刃剑"：一方面，此类担保能提高项目融资能力，提高商业银行对项目的信心；另一方面，这可能给政府带来很大风险，若项目盈利，贷款银行获得利益，若项目亏损，政府承担，这违背 PPP 模式"将风险转移给私营部门"的初衷。实践中各国的对策有：①政府仅仅对银行债务性贷款提供部分信用担保，如：韩国，通过建立基础设施信贷担保基金为 PPP 项目债务提供部分担保；哈萨克斯坦政府为其 PPP 交通项目债券提供担保，从而吸引了养老基金的贷款；②政府提供的担保具有针对性，即：只对政府容易控制的风险提供担保，一般只为自己本身带来的风险进行担保。

由于我国特有的行政体制和其他国情因素，鼓励政府部门为商业贷款担保会诱导政府官员为吸引投资而给予大量不恰当的担保，造成项目后期政府风险过大，因此，我国政府机关被禁止为 PPP 项目提供商业担保❶，因此，就投资人和贷款机构来看，我国的法律规定为他们带来的一定的风险，会使得他们的投资和贷款行为更谨慎，降低投资的吸引力。这实际上涉及一个项目风险在政府部门与私人部门的分担问题。但从现有理论研究来看，大都倾向政府部门承担 PPP 项目"政治风险"，因此，若政府机构为此风险做出担保也可以看作是一项合理的做法，但技术、经济、商业等风险是应当由私营部门和贷款机构承担的。

（4）福费廷方式

"福费廷（Forfeiting）"是在大型设备或成套设备出口中常用的一种融资方式。在这种融资方式下，出口商把经过进口商承兑的且有担保的远期汇票无追索权地卖断给银行或金融机构，以早于进口商支付而提前取得货款。这种融资方式被引入"政府付费"的 PPP 项目，私人部门将从政府部门获取建设部分支付的权利出售给银行❷，一般项目竣工后，针对建设工程部分，政府给出不可撤销的付款承诺，这笔费用一般足够用于私人部门向贷款机构对到期债务还本付息。采用福费廷，可有效地运用政府付款承诺的信用，降低项目融资成本。这种方法带来的问题是，由于政府承诺还款，贷款机构就不再关心项目实际的运营状况，政府风险加大。这种方式在德国、法国、秘鲁等国家有应用❸。

（5）让开发银行或其他国有金融机构参与项目

国有开发银行或其他金融机构具有政府机构与私营机构的双重特点：一方面，他们为准政府机构，受政府政治影响大，同时其业务专业性与私人部门类似。他们比私人部门更容易获得优惠资金，比政府部门有专业能力，能更好地对 PPP 项目进行"尽职审查"。这类机构的部分介入，能提高其他参与各方的信心，有利于参与各方的协调，推动 PPP 项目的顺利实施。巴西、印度、墨西哥等国实施此种策略来推动 PPP 项目。

第 1 知识模块要点总结

● PPP 是一种基础设施项目新的开发模式，其具体包括 BOT、TOT 等很多具体形式。

---

❶ 《国务院关于加强地方政府融资平台公司管理有关问题的通知》（国发〔2010〕19 号）；中华人民共和国担保法第 8 条，第 9 条。

❷ Dirk Daube, Susann Vollrath, Hans Wilhelm Alfen. A comparison of Project Finance and the Forfeiting Model as financing forms for PPP projects in Germany ［J］. International Journal of Project Management，26（2008），376-387.

❸ 这种方法本质上与我国 BT 项目的还款类似。

- PPP 本质是公共部门与私人部门的一种优势互补合作型合约关系。
- PPP 通常将项目的融资、建造、运营、维护等多项工作捆绑一起交给私人部门。
- PPP 模式被广泛用于交通、电力、供水、能源、社会公益等多个领域。
- PPP 作为一种新模式，不是解决所有问题的灵丹妙药，它能解决一些老问题，但同时又可能带来一些新问题。

那么，如何利用好 PPP 模式，发挥其优势，避免其陷阱，不但要理解 PPP "是什么"、"为什么"，更要建立应用 PPP 模式的良好制度环境，设计出恰当的治理机制，界定项目目标与参与各方的权、责、利，规制和激励参与各方的合作行为。

本指南的下一部分就是：如何建立一个良好的 PPP 制度框架。

2 PPP 管理制度框架的建立

多数 PPP 模式实践成功的国家都已建立了完善的 PPP 管理制度框架。PPP 管理制度框架包括实施 PPP 的政策、程序、机构、法律、规则等总体制度安排，以明确 PPP 项目是如何被识别、评估、选择、预算、采购、监管以及问责的，从而有助于 PPP 项目治理，促进 PPP 项目的高效率、责任、透明、公正、公平以及私人部门参与，实现公私双赢。

根据本指南表述，"PPP 管理制度框架"可以被界定为："通过政府政策与法律，来界定并规范 PPP 项目过程、各实施参与方的责任、公共资金管理、相关利害人的参与、审计与监督等的一系列总体制度安排。"

因此，本知识模块主要提供关于 PPP 管理制度如下五个方面的内容。

（1）PPP 政策。阐明政府运用 PPP 模式的目的、目标、范围以及实施原则。

（2）PPP 法律框架。为 PPP 项目如何实施设定的法律和法规，包括 PPP 专项法律、其他公共财政管理法律法规或部门专项法律法规。

（3）PPP 过程与各个职能部门的责任。PPP 项目识别、开发、评估、实施和管理的步骤以及不同实体在这一过程中的角色。

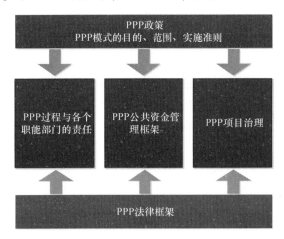

图 2-1 PPP 框架

（4）PPP 公共资金管理框架。涉及如何控制、报告和预算 PPP 模式下的财政承诺以确保 PPP 模式能提供物有所值，不给子孙后代增加过度负担，同时管理相关财政风险。

（5）PPP 项目治理的多方参与。涉及其他诸如审计部门、立法部门以及公众如何参与 PPP 项目，使他们对 PPP 项目实施中做出的决策及行为负责。

以上五个部分间的逻辑结构如图 2-1 所示。

实践中，PPP 管理制度以上五个方面的内容是密切联系在一起的，比如，如果过程控制良好并考虑了财政后果而引入财政控制则会带来良好的公共资金管理。

PPP 管理制度的建立取决于具体国家的法律体系，以及建立国家政策、程序、机构和规定的惯例，具体形式可能包括政策声明、法律法规以及各种形式的指南。

2.1　PPP 政策

【指南内容要点】

● 颁布 PPP 政策是政府建立 PPP 制度框架的首要步骤。本指南所述 PPP 政策指的是：政府阐述的采用 PPP 模式提供公共设施和服务的行动纲领或指导原则，包括如下三个方面的内容。

（1）PPP 计划的目的：政府为什么实施 PPP 计划。

（2）PPP 计划的范围：哪些类型的项目采用 PPP 政策。

（3）PPP 计划的实施准则：如何实施 PPP 项目，以确保实现 PPP 计划的目标。

2.1.1　PPP 计划的目的

● 借助私人部门融资，促进对基础设施的投资。

● 在基础设施与服务的提供中实现"物有所值"。

● 在基础设施与服务的提供中改进社会责任的履行。

● 引入私人部门的创新与效率。

● 刺激经济增长与国家发展。

2.1.2　PPP 计划的范围

● 适应的 PPP 合同类型。

● 适应的行业部门。

● 适应的项目规模。

2.1.3　PPP 计划的实施准则

● 实施准则为 PPP 实施机构所遵循的指导原则或行为规范，确保其肩负的社会责任。

● 实施准则通常通过规制和流程来体现。

● 实施准则通常包括：物有所值、过程透明、适度竞争、恰当风险分担、政府资金预算责任等❶。

【内容解读】

国家政策指引方向，对 PPP 模式的引入，需要政策支持。政府需表明其发展方向，不但要向社会表明引入 PPP 模式的目的及优先采用 PPP 模式的行业和领域，更要制定好实施 PPP 项目的准则，确保达到引入 PPP 模式的目的。虽然各国实施 PPP 计划的目的大同小异，但在具体的操作模式上则有所不同。

（1）关于 PPP 合同类型：规定合同类型的主要目的是实现政府实施 PPP 计划的目的。如前面所述，PPP 在每个国家或地区的定义并不相同，因此各国在界定 PPP 合同类

---

❶　例如：这些准则都体现在秘鲁 2012 年 PPP 政策法令中。

型上也不一样。但总的来说，这主要与私人部门参与项目的范围和深度相关，较浅的参与度可能就是对现有政府资产的租赁和运营；较深的则包括私人部门一揽子参与项目的全部过程，包括融资、设计、建造、运营、维护等所有工作。前一种的具体方式为 TOT（Tranfer-operate-tranfer），后一种的具体方式为 BOT（Build-operate-transfer）或 DBO-FM（Design-build-operate-finance-maintain）。我国常常采用的也是这两种方式，尤其是后一种。区分 PPP 框架的要求和流程所适应的合同是很重要的，印度 2011 年国家 PPP 政策草案就描述了被视为 PPP 合同的合同类型以及不被包含在 PPP 合同类型范围的合同类型，其中 EPC（Engineering-procurement-construction）合同和资产剥离都被排除在 PPP 政策之外；巴西 PPP 法律则规定特许期大于 5 年以上的项目合同才归为 PPP 合同；智利则规定高于 50 年的项目合同不属于 PPP 合同。

（2）关于 PPP 模式应用的行业和领域：根据社会经济发展的需要，各国根据各个行业领域的需求程度安排采用 PPP 模式的优先等级。通常被列为优先级的领域包括：交通、垃圾处理、供水、文化体育基础设施等。对于采用 PPP 模式的行业和领域，有些国家宽，有些国家较严，英国甚至将 PPP 模式用于监狱的建设和运营，新加坡 2004 年 PPP 政策规定，将 PPP 模式应用在其他类似国家已成功采用 PPP 模式的部门，包括体育设施、垃圾焚烧、供水和污水处理、主要 IT 基础设施、教育设施、医疗、快速路和政府办公大楼。但乌拉圭和萨尔瓦多则规定供水领域不得采用 PPP 模式，而危地马拉则将教育卫生排除在 PPP 模式之外，因为他们认为这些领域关乎民生，属于敏感领域。

（3）关于 PPP 模式应用的项目规模：由于 PPP 模式的整个操作过程比较复杂，交易成本很高，因此小规模的项目被认为不适合采用此模式。许多国家规定了 PPP 框架下 PPP 项目的最小规模，如：新加坡 2004 年 PPP 政策规定，PPP 项目规模需在 5000 万美元以上；澳大利亚 2004 年 PPP 法律则规定，PPP 项目的规模需在 1170 万美元以上。

2.2 PPP 法律框架

【指南内容要点】

- 本指南所述 PPP 法律框架指的是：控制 PPP 项目能否上马、如何实施的法律法规，无论政府部门或私人部门都应遵守该项法律或法规。
- 引入 PPP 模式的各国政府，在法律方面做法不一，有的对现有法律作小量修订，附加一定的法律解释等，以确保 PPP 合同签订并明确相应法律权利和流程；有些国家则引入 PPP 专项立法。
- 国际上的两个主要法系：大陆法系和普通法系，对引入 PPP 模式的法律调整不同。
- 采用大陆法系的国家，一般在其行政法中对政府的行为进行详细的规范，这些规范也普遍适用于 PPP 合同的法定权利和过程。
- 采用普通法系的国家，法律的规范性规定较少，因此往往通过合同的规定来弥补，因此，这些国家的合同往往更加复杂冗长。
- PPP 法律框架包括两个层面：一是对 PPP 模式有影响的所有相关或配套法律；二

是 PPP 模式专项立法。

【内容解读】

每个国家采用 PPP 模式时都会对其法律等制度进行调整，以适应这类新模式创新。由于每个国家基本法律文化制度的差异，其对 PPP 模式引入而做出的制度调整方式也有差异。如本指南中所述，国际上大多数国家采用大陆法系或普通法系。大陆法系采用成文法，其特点是出台很多正式的法律法规来规范社会经济活动和交易；普通法系采用判例法，主要以过去的判例来规范各种交易，出台的正式法律不太多，因此需要交易双方在合同中写清楚各方的权责利。

因此，在大陆法系下，当事人应该更重视各类法律法规和政策；而普通法系下，合同是各方最重要的利益保护工具。

我国引入 PPP 模式（前期主要是 BOT 项目）的制度安排采用的"试点—调整—推广"的渐进制。根据有关专家的总结，可以分下面五个阶段：

第一阶段，探索阶段——从 20 世纪 80 年代中期到 1993 年。这期间项目的具体实施方式是：地方政府自发申报项目，依据中央审批后与投资人直接谈判，没有招标过程。代表性项目有：深圳沙角 B 电厂 BOT 项目、广州白天鹅饭店和北京国际饭店，这一阶段项目执行比较顺利；但特许期短，移交条件不清。

第二阶段，试点阶段——1994~2002 年。1995 年 8 月国家计委、电力部、交通部联合下发了《关于试办外商投资特许权项目审批管理有关问题的通知》。国家计委推动选择了五个 BOT 试点项目：广西来宾 B 电厂项目、成都第六水厂项目、广东电白高速公路项目、武汉军山长江大桥项目和长沙望城电厂项目。各地政府推出比较典型的项目有：沈阳水厂 TOT 项目、上海黄浦江大桥 BOT 项目、北京第十水厂 BOT 项目、北京西红门经济适用房 PPP 项目、新疆托克逊电厂项目、北京肖家河污水项目、北京房山大学城项目等。项目成功、失败或没有最终签约的都有出现，积累了经验教训。

第三阶段，推广阶段——2003~2008 年。这一阶段以建设部 2002 年底出台《大力推进市政公用市场化指导意见》为标志。2004 年出台了 126 号文的《市政公用事业特许经营管理办法》，该办法及各地出台的特许经营条例是这一时期开展 PPP 项目的基本法律依据。PPP 项目所属行业以污水项目为最多，当时正赶上全国各地建设污水厂的高峰，自来水、地铁、新城、开发区、燃气、路桥项目也都有。比较著名的 PPP 项目有合肥王小郢污水 TOT 项目、兰州自来水股权转让项目、北京地铁四号线项目、北京亦庄燃气 BOT 项目、淮南新城项目、北京房山长阳新城项目等。北京四号线第一个被正式称为"PPP 项目"。但由于实施 PPP 项目太多，很多运作思路不清，不科学，出现了不少失败项目。

第四阶段，反复阶段——2009~2012 年。城市化发展过快、不配套，以及金融危机后的四万亿投资，导致国进民退。四万亿刺激计划的弊端很快暴露出来，国外投资疲软，内资 BOT 增多，央企成主角，私人资本和外资参与竞争变得困难，出现"玻璃门现象"。政府再次开始重视民间投资，为此，2010 年国务院出台了《国务院关于鼓励和引导民间投资健康发展的若干意见》（新国 36 条）。2012 年国务院各部委出台了 20 多个落实新国 36 条的细则。

第五阶段，普及阶段。2013 年至今，我国 PPP 发展进入了第五个阶段，也可以被称为普及阶段。在房价见顶、土地财政难以为继、地方债超过 20 万亿的经济背景下，国家大力推动 PPP 的推广和普及。2013 年财政工作会议结束后，楼继伟部长做了关于 PPP 的专题报告，财政部专门成立了 PPP 中心。财政部、国家发展和改革委员会各自发布 PPP 合同指南。2015 年 4 月，国家发展和改革委员会、财政部、住房和城乡部、交通运输部、水利部会同中国人民银行，共同发布《基础设施和公用事业特许经营管理办法》。PPP 可能成为今后我国经济发展中一种常态模式。

未来 PPP 发展特点展望：PPP 模式将会成为我国基础设施、公用设施开发的常态模式。成批次推动 PPP 项目的情况会增加。中国企业走出国门做 PPP 的情况会增加。中国企业走出去是必然的，这个过程已经开始。根据目前各个部委的文件以及经验总结，未来会出更高层次的 PPP 法律。通过培训、研讨会总结经验教训并进行进一步推广的形式会受到高度重视。

2.2.1　PPP 法律框架的范围

【指南内容要点】

- 广义的 PPP 法律框架包括一系列类型的法律。
- 在大陆法系国家，PPP 合同一般归属于行政法下管辖，合同双方的权利除了合同约定，行政法可以赋予双方其他权利，如：作为发包人的政府部门可能有权修改或撤销合同，而作为另一方的私人部门可能有权在出现"情势变更"下，重新调整收费以达到"财务平衡"。
- 无论在大陆法系还是在普通法系国家，特定的法律可能适应于 PPP 流程的某一方面，这些法律包括：采购法规、公共资金管理法、部门法、环保法、土地管理法、税法、雇佣/劳动合同法等。
- 除非另有规定，PPP 交易过程必须遵循公共采购法规。
- 公共资金管理法中的机构责任、流程及相关规定要求 PPP 项目实行项目评估，遵循财政限制、预算程序以及上报制度。
- PPP 通常由具体部门实施，受部门层面的法规框架管辖，这会使政府与私人部门的签约能力或提供签约规则的能力受到限制。
- 一些影响私人公司运营的法律同样也适应于 PPP 公司，比如环保法规、土地管理法、许可法、税法和雇佣法。定义 PPP 项目及其流程时必须慎重考虑这些相关法规。
- 以上各法律合在一起可以构成实施 PPP 的法律框架，在一定程度上可以说，可能没有必要为 PPP 专门立法，比如，德国就没有 PPP 的专门法律，PPP 发展和实施主要受辖于预算法。

【内容解读】

投资项目在一定的宏观环境下运作，必然会涉及各种各样的法律法规，接受各个部门的监管，从我国北京地铁四号线的实施，就能看到这种监管的复杂性，如图 2-2 所示。

我国还没有出台正式的 PPP 专门法，2013 年前，每个主管部委，针对各个具体部门或行业的立法，作为在该领域实施 PPP 项目的具体依据，如：我国交通运输部起草，以人大立法形式出台的《中华人民共和国公路法》等，具体见表 2-1。从 2014 年开始，中央各部委连续发布多项推进 PPP 发展的政策和文件，具体见附录 1。

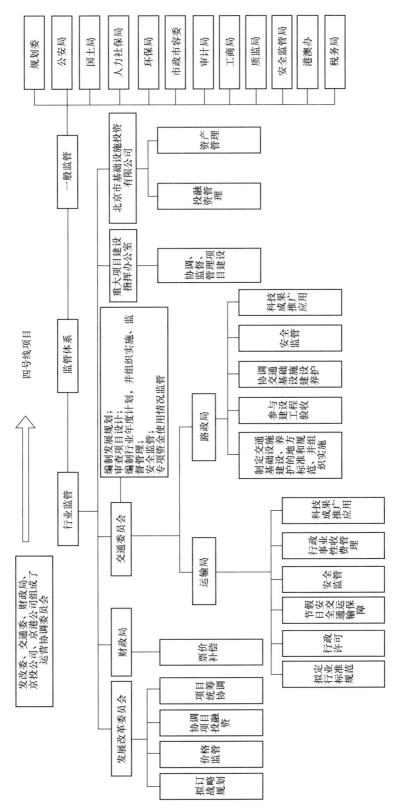

图 2-2 北京地铁四号线项目监管体系

2013 年前我国 PPP 专门法出台前各部门实施 PPP 的法律依据　　　　表 2-1

发布机构	法规名称	生效年份	修订年份
全国人大	中华人民共和国建筑法	1998	2011
全国人大	中华人民共和国公路法	1998	2004
国务院	城市道路管理条例	1996	—
国务院	中华人民共和国公路管理条例	2009	—
交通部	公路经营权有偿转让管理办法	1996	—
国务院	收费公路管理条例	2005	2015
全国人大	中华人民共和国电力法	1996	2015
国务院	电力供应与使用条例	2011	—
水利部	水利工程建设项目管理规定	1995	
水利部	水利工程质量检测管理规定	2009	
全国人大	中华人民共和国环境保护法	1990	2015
全国人大	中华人民共和国城乡规划法	2007	
全国人大	中华人民共和国固体废物污染环境防治法	1996	2013
全国人大	中华人民共和国水污染防治法	2008	
国家计委、建设部、国家环境保护总局	关于推进城市污水、垃圾处理产业化发展的意见	2002	
建设部	关于加强城镇污水处理厂运行监管的意见	2004	
国务院	城市供水条例	1994	
国务院	城镇燃气管理条例	2011	
国家发展和改革委员会	政府制定价格听证办法	2009	
卫生部	医疗机构管理条例实施细则	2006	

从法律层面来看，关于 PPP 合同是属于行政法还是民商法管辖，我国发改委和财政部的文件都有相关规定。

财政部在《PPP 项目合同指南（试行）》中规定，PPP 从行为性质上属于政府向社会资本采购公共服务的民事法律行为，构成民事主体之间的民事法律关系。同时，政府作为公共事务的管理者，在履行 PPP 项目的规划、管理、监督等行政职能时，与社会资本之间构成行政法律关系，因此我国 PPP 项目合同相关法律关系的确立和调整依据，主要是现行的民法、行政法、经济法和社会法。

国家发展和改革委员会在《政府和社会资本合作项目通用合同指南》编制原则中强调，合同各方均是平等主体，以市场机制为基础建立互惠合作关系，通过合同条款约定并保障权利义务。在合同执行中双方平等，体现了民商法的思想。对政府主体的权利界定有如下表述："（1）按照有关法律法规和政府管理的相关职能规定，行使政府监管的权力；（2）行使项目合同约定的权利。"从对政府权力的规定可以看出，当行使政府行政监管职能的时候受相关（行政）法规制约，而当行使第二个权利的时候则作为一个民事主体，受以合同法为代表的民商法的制约。总体来说，发改委文件与财政部文件思想基本一致。

2.2.2 PPP法律

【指南内容要点】

● 有些国家颁布 PPP 特别法，作为对现有法律的补充和修订，来满足 PPP 项目的实施或消除政府采用 PPP 的法律障碍。

● 实施 PPP 特别法能向外界彰显政府实施 PPP 的政治承诺；PPP 法律会确立 PPP 流程、机构责任及公共资金管理等的指导原则。设计良好的 PPP 法律确定的原则由许多更细致的法规支撑，避免僵化，能够实时调整。

● 大多数大陆法系国家都有 PPP 专门法，被称为 PPP 法或特许经营法，一些普通法系国家也引入 PPP 法，这样比简单的 PPP 政策对政府更有约束力。

【内容解读】

世界银行的 PPPIRC 网站上关于 PPP 的法律部分专门列出了世界各国的 PPP（或特许经营）法律法规，包括 PPP（或特许经营）专门法、PPP 相关法、PPP 实施政策或指南等，具体如附录 2 所示。

由于中国还没出台专门的 PPP 法律，可能出现 PPP 实践与一些现有法律规定的冲突，本文总结以下几点。

（1）与土地制度的冲突

● 根据现行土地制度，土地使用权的获得包括无偿划拨、有偿出让等方式。有偿出让方式又可细分为招标、拍卖、挂牌和协议出让，而针对工业、商业、旅游、娱乐和商品住宅等经营性用地，法律硬性规定采用招拍挂公开出让土地使用权方式。

● 针对含经营性的 PPP 项目，极有可能出现政府一方面通过招标、竞争性谈判、直接授予等方式选择 PPP 项目社会投资人，另一方面又不得不通过招拍挂公开方式出让 PPP 项目的经营性用地，从而造成社会投资人虽中标 PPP 项目却无法获得所需的土地使用权。

（2）与税收制度的冲突

● 政府在一些 PPP 项目招标文件或与社会投资人签订的投资协议中承诺某些税收优惠政策，但由于税务主管部门实行中央、省、市、县的垂直领导，且税收优惠承诺缺乏税收制度法律层面的支持，在实践中税收优惠政策常常不被税务主管部门接受。

（3）与价格制度的冲突（《政府制定价格听证办法》）

● 项目运营价格的制定和调整方式直接影响社会投资人的投资回报。但对于直接关系到社会公共利益的项目，比如轨道交通、高速公路等道路基础设施和污水处理等项目，其定价和调整必须经地方政府和物价部门批准确定，社会投资人在决定收费标准时自主权非常小，处于弱势地位，难以根据运营成本或市场供求变化自行及时调整，并且由于收费标准调整的期限较长，一旦确定便在一个固定时期内无法进行调整，将在一定程度上影响社会投资人的营运收入。

（4）与国有股权转让制度的冲突

●《企业国有产权转让管理暂行办法》规定国有资产和国有股权的性质一样，都为国有产权。按规定，两者的转让都应通过产权交易所挂牌转让。而 BT 项目中的股权回购与通常意义上单纯的股权回购存在很大差异。以股权转让价款的支付为例，实践中 BT 项目的股权回购款通常在工程交工验收后的3~5年内付清；有些项目甚至在股权回购前的建设期即开始偿还利息部分，与《企业国有产权转让管理暂行办法》所要求的一年内付清全部股权转让价款大相径庭。

2.3　PPP过程与职能部门的责任

【指南内容要点】

- 政府部门需要良好的能力、技能与协调，才能成功地实施PPP项目。
- 政府部门必须选择恰当的项目，找到能胜任的合作伙伴，并提出项目实施标准和条件。
- 政府部门有责任确保私人部门按预期质量要求以及方式提供服务，以更好实现"物有所值"的目的。
- 政府需要确立PPP项目实施的过程与相关部门的责任。
- 政府确立PPP项目的过程就是定义PPP标准流程，要求每个关键点必须经过批准，这有助于高效一致地实施每一个步骤，这些步骤包括：项目识别、评估、计划、起草合同、对外招标、签约后合同管理。
- 政府确定职能部门的责任就是规范各部门在各个步骤中的角色，包括相关关键步骤日常监督管理工作、关键步骤的审批，保证项目决策方向正确以及项目各步骤的顺利实施。
- 建立PPP机构，为PPP项目提供政策指导，并帮助加强PPP能力建设。

【内容解读】

对一个政府来说，建立一个标准化的PPP项目开发和实施过程是项目成功实施的程序性保证。程序的标准化能使得项目过程更规范、更易于发现问题和解决问题、更易于PPP知识和经验的积累，从而提高项目实施效率和效果。在此基础上，应对政府各个部门在项目过程的每个步骤的角色进行定位，角色体现的职能可能包括：方案规划、审批、监督、纠偏等。

2.3.1　PPP的实施过程

【指南内容要点】

- PPP实施过程的标准化有助于PPP的实施与政府的目标一致，也有助于参与各方间的协作。
- 指南给出典型的PPP实施过程，如图2-3所示。PPP典型过程被分为几个阶段，每个阶段必须获得批准后才可以进入下一阶段，这有助于相关监管机构的及时介入，也有助于不适合的项目及时退出，避免资源浪费。
- 识别适合优先发展的项目是PPP实施过程的第一步，潜在PPP项目来自于广泛的政府投资项目的筛选，是否适合采取PPP模式，主要取决于以PPP模式实施是否能够提供更多价值。
- 一旦优先发展的PPP项目被识别并批准，下一步便是准备关键商业条件并进行评

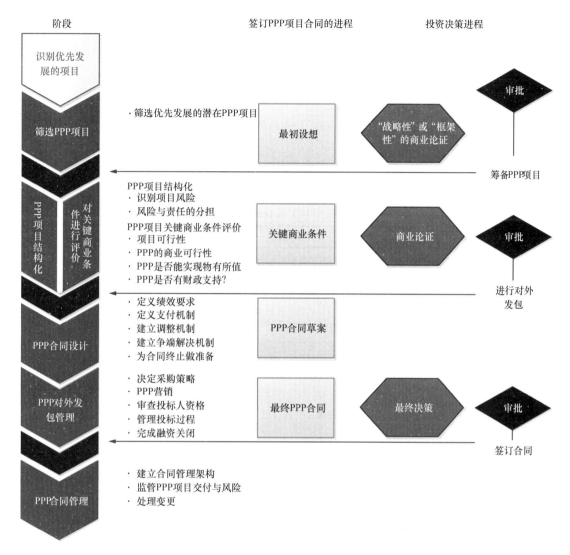

图 2-3　典型的 PPP 实施过程

价。关键商业条件包括提议的合同类型、风险分担以及支付机制，对这些商业条件进行评估的标准是：物有所值、支付能力、市场前景以及项目的技术和经济可行性。

● 设计 PPP 合同包括将商业原则发展为合同条款，设立变更条款以及如何管理合同，比如争端解决机制。

● PPP 实施过程进入交易阶段，政府通常通过竞争性招标选择实施 PPP 项目的私人合作方。当中标的私人合作方完成项目的融资关闭，PPP 交易完成，政府必须管理 PPP 合同，监督和执行 PPP 合同要求，管理公共部门和私人合作方的关系。

● 除了政府部门实施 PPP 的所有步骤外，私人公司也可以识别并提出 PPP 项目。

【内容解读】

从图 2-3 中看出，PPP 过程可以分为两个大阶段：项目决策阶段与项目实施管理阶段。项目决策阶段又分为：

- 识别政府优先发展项目
- 项目筛选
- 项目风险识别与分担
- 项目可行性评价、商业可行性评价
- 物有所值评价、财政责任评价
- PPP 合同设计
- PPP 对外发包管理

部分国家关于 PPP 实施过程的法律见表 2-2，其中南非政府实施 PPP 项目的全过程如图 2-4 所示。

部分国家关于 PPP 流程的法律或政策   表 2-2

法律或政策	内容描述	备　注
智利特许经营法（2010）	包括私人部门初步意向和投标过程在内的 PPP 项目实施过程	指南参考文献 46，第 2、3 章，第 2-14 条
埃及财政部 PPP 项目实施指南	为 PPP 流程从项目识别到商业论证和采购程序中涉及的各部委提供指导	指南参考文献 68
关于韩国 PPP 项目出台的文件（2011）	包括了不同类型 PPP 项目（包括私人部门主动建议的项目）的详细实施过程	指南参考文献 171，61-72 页
马来西亚政府 PPP 指南（2005）	提供了 PPP 项目流程概览	指南参考文献 179，11 页
墨西哥 PPP 法（2012）	规定了 PPP 项目可行性评估中必须进行的全部调查研究；规定了 PPP 招标投标过程的活动与政府部门责任；规定了评标和中标者选择的过程	指南参考文献 185，第 14、21-25、38-51 以及 52-59 条
秘鲁 1012 号法令（2008）	规定了 PPP 项目的实施过程，建立了项目选择标准和 PPP 的形式，详细说明了项目设计和审批的步骤和各方责任	指南参考文献 199，第 3 部分，第 7-9 条
菲律宾 BOT 法实施细则	规定了菲律宾 PPP 项目的实施流程	指南参考文献 203，11-51 页及附录
波多黎各 PPP 法（2009）	详细规定了包括实施初步愿景与便利性分析在内的 PPP 项目实施流程；规定建立合作委员会来实施招投标过程，起草 PPP 合同，选择合作伙伴，签署合作协议	指南参考文献 210，第 7-10 部分
南非 PPP 手册（2004）	提供了 PPP 项目流程概览。手册中对这一流程进行了详细介绍，每一步骤下都包含相应模块	指南参考文献 219
西班牙公共采购法（2011）	详细规定了 PPP 项目实施流程，其中包括了项目评估要求，每一阶段资料公开的要求，审批程序和投标方案等	指南参考文献 223

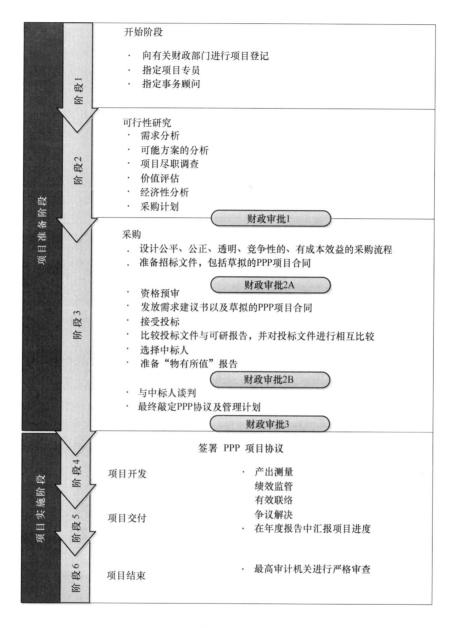

图 2-4 南非 PPP 项目实施过程

从项目管理的角度来看，前期项目选择与设计的好坏对项目成功至关重要。对政府部门而言，一定要对项目的可行性有一个实质性的分析，尤其是对其经济强度有一个切合实际的判断，并设计相应的对策，而此类对策应在 PPP 合同中清楚地进行表达，尤其是项目功能性要求、风险分担、支付和调整机制。具体的操作步骤我们在模块三再详细解读。

2.3.2　职能部门的责任：项目实施

【指南内容要点】

● PPP 项目成功实施需要政府部门和负责官员具备一系列的专业知识与技能，包括：特定部门的需求、项目经济财务评价、PPP 相关知识、私人融资基础设施项目合同设计、招标与合同管理、与私人部门合作等诸方面。

● PPP 的实施责任一般被划归给相关部委、官方部门和机构，但在项目早期，这些机构可能不具备开发 PPP 项目的所有技能与经验，因此需要其他机构参与。

● PPP 项目识别通常由各个职能部门负责，由公共资金规划和管理部门负责监督。

● PPP 项目开发与执行过程中，PPP 项目商业条件、合同设计、招标等交易活动通常由负责资产开发与管理的机构负责，该机构在 PPP 合同中是公共部门的代表，其签约的能力一般由 PPP 法律或政策赋予，负责 PPP 项目的实施；然而，这些部门机构可能缺乏成功识别和实施 PPP 项目所必需的技能，尤其是在 PPP 项目早期。为此，其他政府部门需要参与进来，提供技能和观点的补充。实践中通常的做法有三种：一是由来自行业部门的代表、财政与规划部的代表以及法律代表组成跨部门委员会，负责 PPP 交易；二是不同的专家机构负责 PPP 交易的不同部分，比如在秘鲁，招标机构负责 PPP 项目的实施，而行业管理机构则负责监督私人部门的合同履行；三是成立专门 PPP 机构，成为发展 PPP 所需技能和经验的智囊团。

● 即使是 PPP 经验丰富的政府也会利用外部顾问，支持潜在 PPP 项目的准备和评估。即便如此，公共签约机构也必须提高自己的能力，以监督外部顾问的工作，守住自己的决策权。过分依赖外部顾问来推进 PPP 招标过程会使签约机构在日后的合同管理中处于弱势。

● 签约后 PPP 项目业绩监督和合同管理的责任通常由签约机构负责。各种专业部委和机构通常具备基础设施开发的相关技能与政策知识。一些国家为了减少合同管理过程中的冲突，把合同管理外包给诸如工程公司、研究机构或某种专业监督等的可以信赖的外部机构。也有一些国家为了应对合同期内无可避免的变更，而让一些专业团体参与到合同管理中，分担合同管理的责任。

【内容解读】

对于引入 PPP 模式的国家或地区，需要给出相应制度安排，界定各个政府管理部门的权力和责任。由于我国的行政管理部门划分比较细，在引入 PPP 后，我国主管部门也给出相关规定，各部门的大致职责分工如图 2-5 所示。但在操作中，各部门的具体责任有时并不太清楚，仍然在一定程度上制约我国 PPP 项目的顺利进行。

2.3.3　职能部门的责任：审查与批准

【指南内容要点】

● PPP 项目是一种公共投资，大多数政府对基本建设投资项目都有审批程序，以确保项目能实现其目的，实现物有所值，并符合财政优先级。对于 PPP 项目，大多数政府也采用类似传统项目投资的审批程序，表 2-3 列出了智利等 5 个国家的 PPP 审批要求及审批机构。

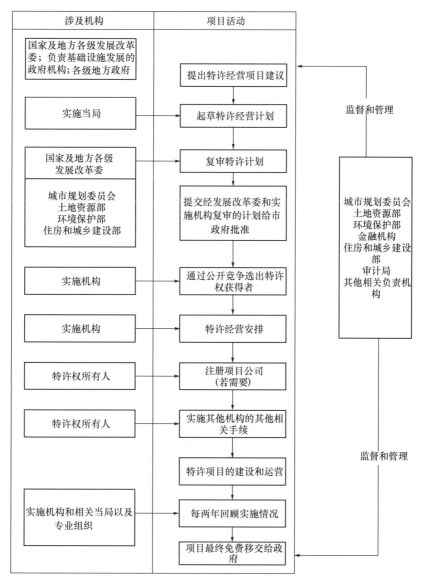

图 2-5　中国 PPP 项目实施的行政管理结构

● 典型 PPP 流程中有几个关键决策点需要审批，审批涉及的主要部门包括：财政部、规划机构、司法部、审计署等。

● 财政部因其管理政府资源、制定和实施经济财政政策的责任而通常在 PPP 审批中扮演领导角色。其他机构也可参与审批，比如，规划机构往往负责项目规划和评估，司法部则负责主要政府合同的批准，审计署则可能被要求对每一个 PPP 项目及其法律文件进行审查。多部门参与对于项目评估的质量和合法性非常有益，但也会导致在某一关键点的延误。

● 为了使审批程序更平滑，多部门的协调十分重要，协调角色可以委托给 PPP 专门机构，也可以组成跨部门管理委员会。

国家	参考文件	审批要求
澳大利亚，维多利亚州	国家 PPP 指南——维多利亚州合作要求第二版（2010）［指南参考文献 12，5 页］	所有高投资或高风险的项目——包括 PPP 项目，要经过一道由财政部建立的"关口审批"程序。由不直接参与该项目的专家小组对项目开发和实施中的关键阶段（即"关口"）进行审查。对 PPP 项目来说，有五个关键阶段：战略评估、商业论证（在发放项目意向书之前）、市场准备（在发放项目简介和合同之前）、服务准备（在合同生效前）以及利润估算［指南参考文献 12，5-6 页］
智利	特许经营法（2010 第 20410 号法令）［指南参考文献 46，第 7、20 及 28 条］	PPP 项目的最终审批——即签署行政法令使该特许经营协议正式化，要由总统与财政部共同完成。除非财政部审批通过了招标文件，否则项目不能进行招标。财政部也必须对招标文件中经济方面的任何变更以及项目实施过程中的某些变更进行审批
哥伦比亚	PPP 项目实施细则（2010）［指南参考文献 55，第 3.2.3 部分］；国家 PPP 法（2011 年第 1508 号法令）［指南参考文献 52，第 26 条］	PPP 项目必须通过以下审批： • CONFIS——国家财政委员会引领国家财政政策，并负责协调国家预算体系，审批 PPP 项目未来的拨款。CONFIS 由国家财政部、国家规划厅行政管理部门主任、总统首席经济顾问、财政部副部长、国库、公共信用、税务及海关部门的领导组成。在上报到 CONFIS 之前，PPP 项目必须通过所属行业部门以及国家规划署的审批。 • CONPES——国家经济和社会政策委员会是哥伦比亚的最高规划机关，负责就国家经济和社会发展的方方面面向政府提出意见。CONPES 论证项目的战略重要性，项目需要这项论证来获得未来的财政拨款。此外，CONPES 在任何一年批准的财政拨款数目是有限制的。CONPES 由总统、副总统、内阁，以及行政管理部门、国家规划部门以及 Colciencias 基金的领导组成
菲律宾	菲律宾 BOT 法（1994）［指南参考文献 202，第 2 条，16-19 页］	所有的国家以及投资超过 2 亿菲律宾元（合 460 万美元）的项目都需要通过国家经济发展局委员会（NEDA）下属的投资协调委员会（ICC）的批准。NEDA 委员会的成员包括负责重大基础设施、经济和财政部门的内阁成员。在 ICC 的意见之上，PPP 项目也需要得到 NEDA 委员会和总统的批准。NEDA 的技术人员对项目提交资料是否完整，是否能够证明项目对财政、经济、社会及环境的影响符合要求进行审查之后，对 ICC 的意见给予反馈
南非	公共财政管理法与国库规定第 16 条（2004）［指南参考文献 219，8-10 页］	PPP 项目的审批由国库的 PPP 部门执行。项目要在四个节点之后进行报送审批：（1）可行性研究完成后；（2）招标文件筹备完成；（3）投标评标工作结束；（4）谈判完成，PPP 项目合同形成最终版

【内容解读】

在PPP项目发展期间，政府主管部门在关键节点进行审批是各国的惯例做法，对于涉及公共利益的合同管理而言，也是必需的。但公共项目审批程序的冗长是一个国际现象，由于项目审批时间越长，其实现投资项目目标的时间跨度就越长，整个项目的成本就会越高。因此，审批过程的顺利进行是关键，但由于审批涉及的部门多，协调工作复杂，若办公地点和时间不统一，就会造成审批的冗长。因此，对策有三点：一是尽量减少不必要的审批；二是各个审批部门的职责应清晰，避免扯皮现象；三是建立一个强有力的综合管理部或跨部门管理委员会是一种高效率的做法。我国通常采用"联合办公室"来快速处理跨部门协调问题。

2.3.4 专职PPP机构

【指南内容要点】

● 专职PPP机构指的是政府将具备PPP专门知识的专业人员组织在一起的专业团队。

● 专职PPP机构的功能各国各不相同，主要与各国政府的组织架构、对PPP的重视度有关。

● 专职PPP机构的功能可包括下面一项或几项，并可能随时间推移而逐步演化：

（1）规定PPP政策和流程，准备PPP指南材料和标准文件，增强PPP实施机构遵循PPP流程的能力；

（2）在政府部门内外进行宣传推广PPP；

（3）为PPP项目的实施提供技术支持，或直接负责PPP实施中的某一方面；

（4）PPP项目"守门员"，即享有PPP项目开发过程中的监督、建议、审查、审批的权力。

● 专职PPP机构可以是一个部委的职能部门，享有某种特殊地位，但必须直接向部委汇报的专门机构，或自治的政府机构，甚至可以是一个政府拥有或公私合营的公司。具有"守门员"职能的专职PPP机构通常位于财政部或其他监管机构，而具有技术支持职能的专职PPP机构则可能位于具有PPP计划的次国家级或部门层面。

● 专职PPP机构的设立，具体取决于其职能的安排、已有的部门分工与政府的经验。

【内容解读】

引入PPP模式需要给出制度上的专门安排，专职PPP机构的设立就是为了PPP项目顺利实施的组织安排。上面给出了决定此机构设立的三个因素，但本质上仍是：政府是否有广泛实施PPP模式的政治愿望，因此各国的安排会有所不同。以法国中央PPP机构（Central PPP Unit/MAPPP）为例[1]：

归属演变：

● 原来划归经济与金融部管辖，2011年后转到财政部管辖。

---

[1] 详见：European PPP Expertise Centre（2012），"France PPP Units and Related Institutional Framework"，Luxemburg

主要任务：

- 审核招标部门提出的初步项目评价书。
- 向公共部门提供设计、谈判、监督 PPP 合同的专业支持。
- 宣传推广 PPP。

辅助任务：

- 政府担保计划的审查。
- 在被请求时，对其他类型的复杂项目提供专业意见。
- 代表法国参与国际机构的相关活动。
- 总结已有项目经验教训。
- 为公共和私人部门提供专业咨询"帮助台服务"（helpdesk services）。
- 间接提供立法意见。

专业知识：

- 过去主要介入覆盖的是"管理程序、法律、经济等领域。
- 现已将知识领域扩展到融资领域。

雇员人数：

- 2005 年开始有五名职员，现有八名全职人员，有的属于政府公务员，也有合同工，为公共管理、法律、经济、金融方面的专家，另外每年招收三到四名培训生，实行主任负责制的扁平化管理。

经费来源：

- 政府财政预算，不向用户收取任何服务费。

在法国，除了中央专职 PPP 机构外，还有若干各个行业部门下设的专职 PPP 机构。

2.4 PPP 公共财务管理框架

【指南内容要点】

- PPP 合同常常涉及政府财政支出问题，其中隐含着政府的长期的或然支付义务；这对公共财政管理带来很大的挑战，具体体现在政府每年的预算拨款方面。
- 因此，逐渐形成了专门针对 PPP 的公共财政管理方案：（1）拟建 PPP 项目财政负担评估；（2）控制承担的 PPP 项目风险总量；（3）为 PPP 项目财政负担设定预算；（4）在政府财政账户和报告中反映出政府的 PPP 财政负担。

【内容解读】

表面上看，PPP 合同由私人部门融资，但根据 PPP 合同，并不是所有的项目开发风险都是由私人部门承担，有些是由政府部门承担，这些风险一旦发生，政府就会承担相关费用支付，也就是指南中所说的"或然支付责任"；对于一些财务上不能独立的项目（准经营性项目和非经营性项目）尤其如此，甚至每个项目需要明确的政府补贴。也就是说，即使采用 PPP 模式，政府的支付责任可能仍然存在，指南中将其划分为两类，一是政府的直接支付责任；二是政府的或然支付责任。

政府直接支付责任指的是不依据未来事件发生而负有的支付义务，主要包括下列情况。

- 经济可行性资金缺口补贴：鉴于有些基础设施项目从商业投资角度来说，经济上根本不可行，但社会迫切需求，因此，为了能够使项目上马，政府需要根据项目的经济可行性来给予项目建设资金一定的补贴，补贴的具体方法可以是按项目建设总进度完成的里程碑，也可以按股本投资比例来配套补贴，由于此类补贴通常是在建设期支付，因此实践中又称"前补贴"。

- 保证设施或服务到位的付费或补贴：也称为"可使用性付费或补贴"，是指在项目整个生命周期内，私人部门必须保证项目的运营达到一定质量标准，项目资产或服务必须保证连续供应，不得中断，满足这一条件，政府给予此类付费或补贴。

- 影子收费支付义务：这主要针对收费公路，但最终支付人为政府，而不是公路用户，一般按照车辆行驶里程对私人部门进行支付。

政府或然支付责任指的是支付发生的时间和多少取决于一些不确定的未来事件而政府无法控制的支付义务，主要包括下列情况。

- 政府对未来某项风险的担保：双方商定，若未来由于某项规定的风险变量值偏离合同约定的水平而导致项目收益减少时，政府对部分或全部损失给予补偿，如：实际交通量低于合同约定的最小交通量时。

- PPP 合同中的补偿条款：即在项目实施过程中，发生了某种双方约定的风险，导致了项目损失，政府部门应给予私人部门补偿，如：发生了某种特定的、无法投保的不可抗力事件。

- 合同终止时的政府支付义务：由于政府违约而导致合同终止时，政府需给私人部门的补偿，也可能私人部门违约，政府终止合同下也可能给予一定的补偿，但两种情况下补偿量不一样，具体按合同约定。

- 债务还贷保证：这是为了提高项目信用，吸引贷款，政府给贷款银行所提供的保证，这一保证可能规定，若发生某种情况，导致项目中止，不能竣工等，政府保证归还全部或部分已经投入项目的贷款资金。

上述两类情况下的政府支付义务大小的确定，其本质还是两个问题：一是所建设的项目本身，能否带来足够的未来收益；二是私人部门参与 PPP 项目能否总体上减轻政府满足社会对基础设施投资的负担。

2.4.1 PPP 项目财政负担评估

【指南内容要点】

财政部关于拟订 PPP 项目的财政负担评估主要包括下面两个方面。

- 评估 PPP 项目是否"物有所值"，即评估 PPP 项目是否满足成本收益分析，是否是获取收益的成本最低的方法。

- 评价 PPP 项目的财政支付能力，但由于 PPP 项目直接财政支付义务是长期的，且可能是取决于未来需求或汇率变化的，甚至有些财政支付义务是或然责任，所以评估 PPP 项目的财政支付能力比较困难。对于多数支付支出来说，财政支付能力是受年度财政预算约束，或有时候在中期支出框架下做出评估的，表 2-4 描述了 PPP 项目财政支付能力评估的两种做法。

可选方法	参考文献及例证
预测财政预算的限额，即对总体预算限额及其变化做出保守假设，并考察每年对 PPP 项目的预计支付额是否满足这些总体预算限额	经合组织 2008 年的调查［指南参考文献 194，42-43 页］显示： • 在巴西，项目调研必须包括今后 10 年的财政状况分析； • 在英国，采购部门必须在一定年限内已被批准的部门开支的基础上，论证 PPP 项目的财政支付能力； • 在法国，PPP 项目的财政支付能力是参照"部长级程序"——一个多年性的指示性预算程序来进行论证的； 《南非 PPP 手册》（2004）中财政支付能力的部分［指南参考文献 219，模块 2］也描述了类似的方法
引入新的预算规则，使年度预算程序中考虑 PPP 的财政支付义务	例如： • 在澳大利亚维多利亚州，如果项目使用公共资金，考虑实施 PPP 项目的部门必须首先就资本投资获得批准——2010 版 PPP 指南［指南参考文献 19，模块 2］中做出如上要求，这点在欧文对 PPP 或有负债管理的回顾中［指南参考文献 162，10-11 页］也有描述； • 哥伦比亚关于政府或然支付责任的法律（1998）要求执行机构在 PPP 项目签署时将现金转移至应急费用中。现金转移的数额等于项目的期望价值（在给定的收入担保下），这项支付将在几年内分阶段完成。这意味着政府部门接受或然支付责任的决定将立即对财政预算产生影响，这种影响不容忽视

【内容解读】

传统的政府财政项目需要财政部门严格的财务可行性评估，PPP 项目因其在短期内不涉及资本投资和其他支出，所以可能不被包括在这方面的评估之内。但如上面所述，PPP 合同虽常由私人部门融资，但根据 PPP 合同，并不是所有的项目开发风险都由私人部门承担，有些需要政府直接或间接补贴，此情况下，政府部门就要在 PPP 评审过程中加入相关控制环节，即 PPP 项目政府财务负担评估。本指南提出两个具体方法："物有所值评价"与"财政承受力评价"。如前面所述，物有所值评价主要是解决一个项目是否合适采用 PPP 模式；财政承受力评价则需要看看在 PPP 特许期内，政府是否有能力为 PPP 项目提供相应的资金。但这个评价过程比较复杂，因为项目周期长，既有如何与私人部门谈判确定直接给予私人部门的投资补贴，也有在合同中如何约定风险分担而带来的或然债务。在后面本指南的第三模块，我们将探讨具体的计算方式。

2.4.2　政府所承担的 PPP 风险总量的控制

【指南内容要点】

• 从政府角度来说，不仅仅要考虑单个项目中政府需要承担的风险，而且还要综合考虑在所有 PPP 项目中政府承担的风险总量，但难点是规定将哪种类型的财政义务包括在内，是只包括直接责任，还是把或然责任也包括在内。

• 一些政府引入"风险总量限额法"，比如，秘鲁法令之 1012 号规定，政府所承担的 PPP 财政义务的现值不得超过 GDP 的 7%，当然对于这一限定，总统每三年可根据国家基础设施建设需要而进行调整。而匈牙利公共财政法律则将政府承担的所有 PPP 财政义务的名义价值限定在政府收入的 3%。

● "风险总量限额法"有不同的具体做法，常用的方法有两个：一是政府直接确定 PPP 财务负担限额；另一种方法是将其作为政府财政债务总量限额中的一个子项，即监控政府债务负担时，应在一般债务的基础上加上 PPP 潜在债务。

【内容解读】

由于按照某些国际会计规则，PPP 的债务可能在政府的财政支出账目中显示不出来，造成潜在的政府债务负担，我国地方债就涉及很多此类隐性的政府债务，给政府带来很大的财政风险，2014 年，财政部发布的《地方政府存量债务纳入预算管理清理甄别办法》第十一条规定，地方政府负有偿还责任的存量债务中，通过 PPP 模式转化为企业债务的，不得纳入政府债务。如何监控此类风险，各国政府也很重视。指南中给出几个国家关于控制总量风险限额的做法作为示例：秘鲁立法规定，政府的 PPP 项目债务总额（净现值），包括直接债务和或然债务，不能超过 GDP 的 7%，但总统可以在经济财政部同意下，每三年根据基础设施需求，进行适度调整；匈牙利公共财政法规定，PPP 债务支出总量的名义价值不得超过政府收入的 3%；巴西联邦 PPP 法最新调整的做法是 PPP 项目债务支出不得超过政府年净收入的 5%。

一些学者认为，对 PPP 下政府财政义务设定不同于传统公共支出的限制，会促使相关机构对项目采用公共采购而不是 PPP，即使采取 PPP 能够提供更好的产品或服务。即便如此，对政府所承担的支付义务总额进行限制是必要的，这可确保政府所承担的支付义务在其能力范围之内。

2.4.3 政府对 PPP 承诺的预算

【指南内容要点】

● 针对政府的 PPP 财政支出，政府需要给出预算；此类预算与传统预算不同，具有一定的或然性，可能发生，也可能不发生；这种不确定性使得此类预算不好管理，但仍需要设立此类预算，因为设立此类预算能使私人部门放心，政府能按时支付相关费用。

● 政府关于 PPP 预算可以分为两大类：PPP 直接支付与 PPP 或然支付义务。

对于政府的 PPP 直接支付义务。

● PPP 直接支付义务包括建设期投资补贴以及运营期的影子收费或可用性付费；对于建设期资金补贴，此类费用与传统建设模式下政府的采购类似，因为这些支付在项目最初的几年里实现，所以此类费用可以比较方便地纳入年度预算以及中期开支框架中；有些政府设立特别基金，如项目经济强度缺口资金，专门用于支付此类费用支付。

● 对于其他类型的长期的直接支付义务，如可使用性付费等，其预算却十分困难，因为，政府通常采用的是年度资金预算周期，而诸如服务保障费等的直接支付义务却是未来若干年后跨多个年度的；这种政府年度预算制度与直接支付义务跨多年度支付安排的不匹配使得私人部门面临这样一个风险：当此类直接支付义务到期应支付时，此类费用可能得不到拨付。

● 很多国家并没有引入专门的预算方式来处理此类 PPP 项目中政府的直接支付义务，因为一般认为，一个负责的立法机构通常是会批准用于政府法定支付义务的拨款的；但在立法权与行政权力高度分离的国家，政府的掌控性较弱，则需要考虑采用相关机制来降低此类风险；

对于政府的 PPP 或然支付义务

● 政府方面对 PPP 或然支付义务编制预算则更为困难，因为或然支付义务可能突然发生，若此时已拨付预算款没有剩余，则政府需要到立法机构（议会）申请追加拨款，获得批准并不容易，而且常常伴随争议。

● 因此，为了克服这一困难，针对此类政府的 PPP 或然支付义务，政府引入特别预算办法，一种办法就是建立追加预算的灵活机制，具体做法包括：（1）在预算中设立一笔备用金，用于突发支付义务的付款，此笔备用金可以确定为是针对某种类型的或然债务；（2）在特定的情况下，允许超预算支出，而不需要额外审批。另一种做法是设立或然债务基金或担保基金，此类基金既可以是政府内部账户之一，也可以是额外的一个独立账户，用于支付届时发生此类或然债务。

【内容解读】

由于政府使用财政资金程序的严格性，一般需要纳入政府预算，若政府对 PPP 项目进行补贴，就必须建立相应的机制来实现此类政府补贴。由于 PPP 项目政府补贴包括直接支付义务与或然支付义务，这又加大了补贴支付的复杂性。

PPP 模式下，关于私人部门的收费方式，可以分为完全由用户付费、完全由政府付费，以及由双方共同分担付费方法。若双方分担费用，则政府的付费一般被称为"补贴"。本指南中所述的政府直接支付义务指的就是政府负担的相关费用，实践中具体支付方法包括"前补贴"与"后补贴/付费"。前补贴即指南前面内容中所述的"项目建设期的投资补贴"，这部分补贴指的是为了提高项目的经济强度，满足项目财务方面的可行性，政府给予私人部门在建设期的补贴，用于项目前期的建设；后补贴/付费则指的是指南前面内容中所述的"运营期的影子收费或可使用性费"或"运营期内补贴"。影子收费指的是，对于私人部门提供的服务，不一定是最终用户支付费用，而是政府支付服务费，如：道路通行费，虽然项目私人部门将投资的道路为收费公路，但并不向通行车辆收费，而是根据每天通行的车流量，依据特许权协议的规定，由政府支付此类费用。可使用性付费指的是，政府根据私人部门所建设完工的项目设施或提供的服务是否符合合同约定的标准和要求来付费，也是 PPP 模式下，政府的直接支付义务。

如前面的纲要内容所述，对于直接支付义务所需资金，建设期的前期补贴问题不大，一般通过常规政府财政拨付方法可以解决，若常规财政资金拨付不能解决此问题，也可设立经济强度缺口基金来解决。例如：在印度，2005 年，其内阁经济事务委员会设立了"印度经济强度缺口基金（VGF）"，目的是对其 PPP 政策的推行提供财务支持。在随后的 9 年内，第一批总投资额累计 50 亿美元的 42 个项目从该基金中获得了 9.16 亿美元的补贴；第二批累计投资额为 177 亿美元的 178 个项目获得了 34 亿美元的补贴。

对于直接支付义务中的影子付费或可使用性付费等，主要的问题是：这些属于 PPP 项目竣工后运营期间的付费，属于长期支付义务，可能要跨未来很多年，而政府预算资金一般按年度进行预算，未来若干年后，由于立法机构对政府财政预算的限制，或政府无力承担此类后续支付或补贴义务，此类资金可能无法保证任何一年都能到位，这就会导致届时政府不能按时支付问题，给投资 PPP 的私人部门带来风险。一般认为，对于"强政府"国家，此类风险不大，政府应能保证此类合法支付款项的支付，但对于"弱政府"的国家，由于受立法机构牵制很大，为了降低此类风险，一种应对的策略是，通过特别预算立法，规定此类政府合法的债务资金自动到期拨付，不需要立法机构再审批。例如：在巴西，在联邦政府层面，2000 年第 1 号法律要求，对于 PPP 支付的政府付费或补贴，按政府一般债务处理方式来处理，即：政府补贴一旦批准后，政府应支付的 PPP 补贴到期时自动拨付，不需要立法机构再批准。哥伦比亚、印度、墨西哥等国也有类似机制，其目的是消除私人投资部门的顾虑，吸引私人项目投资 PPP 项目。

PPP 模式下，对于政府的或然支付义务的处理方式，则问题更为严重。如前面所述，此类或然支付义务主要是在发生了政府承诺负责的风险时才会产生实际支付，因此，实际是否发生，有很大的不确定性，而政府的财政支出，则通常要求纳入每年的预算中，无预算则不能开支。本指南中给出两类对策，一类是建立灵活的预算制度，具体做法又包括两种，一是在预算中设立一项备用金，用于此类或然支付；二是规定预算在此类情况下允许超预算开支。第二类是专门设立或然债务基金账户，可以归属于一般政府账户；也可以归属于政府一般账户之外。哥伦比亚、巴西、韩国、印度尼西亚等国都设立了类似的基金账户。

2.4.4 PPP 财务会计处理与报告

【指南内容要点】

* 政府需要对其财政开支进行财务会计处理与报告，包括 PPP 合同下的财政开支；政府对其财政开支公开，有助于贷款人、评级机构以及公众等相关利益群体对政府的财政开支管理绩效给予恰当的评价。

* 按照国际惯例规则，政府财政报告主要包括三种类型：政府财政统计、政府财务报表、预算文件与报告。

* 政府财政统计（Government finance statistics）是对政府财政的汇总统计，目的是用于国际比较，汇总统计可以采取区域或国际标准，如：欧盟统计局为欧盟国家制定的标准和国际货币基金组织出版的政府财政统计手册（GFSM）等。

* 政府财务报表（Government financial statements）：大多数政府会发布通过审计的财务报表，此类财务报表有国际公认标准，具体有两个：一个是"国际财务报告标准（IFRS）"，一个是"国际公共部门会计标准（IPSAS）"，前者用于公司，后者由于公共部门，但实践中政府很难完全按此标准去编制，他们依据 IPSAS 编制适用于当地政府的财务报告标准。

* 预算文件与报告：大多数政府编制预算执行情况报告，作为编制财务预算与汇报的一部分，虽然也有此类报告编制的国际规则指南，如国际货币基金组织的"财务透明手册"和经合组织的"预算透明的最佳实践准则"，但各国政府编制时并一定必须遵守此类文件。

* 虽然各国政府财政会计处理方式不一定完全按照国际规则，但各国政府应该确定其 PPP 支付义务是否在其财务报表中体现，若体现，什么时间以及以何种方式体现。

* 按照 2011 年引入的"国际公共部门会计标准－32（IPSAS-32）"的规定，若（1）PPP 资产由私人运营商运营，但政府对该 PPP 项目提供服务的对象和价格进行控制或监管，并且（2）在运营期结束时，政府对 PPP 项目资产残值有核心权益，则该 PPP 资产与相关债务应在政府财政会计报表中记录，并具体体现在政府的资产负债表中。根据这一

规定，政府付费 PPP 项目应记录在政府的资产负债平衡表中，而对于用户付费 PPP 项目，是否计入，则取决于合同的具体规定。另外，IPSAS-32 及其相关指南假定各国采用权责发生制会计原则，对于采用现金收付制的国家，没有清晰的说明。

● 按照国际货币基金组织"政府财政统计手册"最新版本的规定，若政府承担项目大部分风险与收益，如：政府在很大程度上控制整个项目的设计、质量、规模、维护以及承担建设风险、需求量风险、残值与废弃风险、服务提供保障风险，则政府应将此类 PPP 项目资产与债务体现在其财务报表中。

● 欧盟统计局指南要求欧洲政府，在政府承担 PPP 项目建设风险、需求风险或可用性风险时，将 PPP 责任在债务统计中确认，由于 PPP 往往将这些风险转移给私人部门，所以在欧盟统计局指南的规定下，多数 PPP 并不体现在政府资产负债平衡表中。

● 虽然国际上大多数会计和报告标准不要求政府将或然债务认定为债务，但 IPSAS 标准要求采取权责发生制的国家政府，将或然债务进行确认，除非潜在事件极有可能不会发生，而且责任可以被估计，在这种情况下，或然责任预期成本的净现值应该被确认，并在合同签订时作为一项花费。

● 多数国际报告和统计标准认为，即使 PPP 义务不被认可为债务，这些义务也应该在会计和报告中给予注释。然而，对于或然责任来说，由于其价值难以估计而使对其进行披露显得特别困难。后面的 3.2 节 "PPP 项目评估" 将对如何对或然债务估值给出指南。

● 国际货币基金组织关于公共投资和 PPP 的一本小册子描述了政府通常需要披露的信息，政府担保必须进行专项披露。新西兰和澳大利亚对包括 PPP 项目在内的政府或然责任以注释的形式在财务报表中进行披露；从 2007 年，智利财政部的预算理事会每年发布年度或然责任报告，披露包括 PPP 收入担保和汇率担保的或然责任信息。

【内容解读】

由于各个国家的情况不同，其制度安排，包括财政制度，也有很大差异。为了在国际范围内使得各国政府的财政预算开支透明，同时为了便于进行比较研究，促进各国政府实施良好的国家治理机制，相关国际组织发布政府财政报表规则，包括政府对 PPP 项目下的债务与资产的会计统计与发布方法。

本部分给出了政府对 PPP 项目涉及的政府支付义务如何进行会计处理与统计的问题。其主要思想是，对 PPP 资产与债务，包括或然债务，最好应该在政府财政预算与报告中予以体现，并给出了欧盟、国际货币基金组织、经合组织等所提倡的良好做法，即：涉及政府财政的 PPP 项目支付义务应该透明化，以便增加私人投资者对其的信任与评价。但对于那些政府承担义务很少，控制程度很小的 PPP 项目，本指南也认为可不必将这些项目体现在政府财政报表与报告中。

2.5 广义 PPP 计划的治理

【指南内容要点】

● PPP 项目的实施一般由政府的某个行政机构负责，具体见 2.3 节中的说明。

● 但除了直接实施PPP项目的政府机构之外，广义上讲，PPP项目的实施还涉及其他很多间接参与的辅助机构和公众，目的是监督实际负责机构为其决策和行为负责。

● 及时、全面地披露PPP计划的实施情况是良好的社会责任治理机制的基石。

● 对PPP计划执行进行监控的机构和群体包括：最高审计机关、立法机构、公众。

● 许多行政辖区有独立的审计实体，以确保对PPP计划的良好治理。这些审计实体可能只是把审计PPP计划作为他们日常审计责任的一个构成部分，就像审计政府财务报表的责任一样。他们还可以审查PPP项目业绩，或调查他们关心的某些特定部分，或审查PPP计划整体的物有所值。

● 政府的立法部门通常通过PPP立法来定义PPP框架，在一些情况下，立法机构可能直接被包括在PPP流程中，对PPP项目进行批准。更一般的情况是，立法机构实施事后监督，审查关于政府PPP义务的报告。

● 公众可以通过咨询过程直接参加PPP项目设计，也可以通过反馈渠道监督服务质量。透明的PPP实施过程和活跃的媒体能够提供公众观点，如果问题足够严重的话，甚至会影响大选。

● 设立一个机制，使立法机构、审计主体和公众参与到PPP项目的计划过程，能够加强公共部门的责任，有助于增强PPP计划的参与性、透明性和合法性。英国便建立了一个很好的、由三方监督机构参与的正向反馈机制，立法听证会经常使用PPP审计报告，听证会的所有书面记录，公众都可以在国家审计办公室的网站中找到。

【内容解读】

由于PPP项目为公共基础设施，涉及政府财政开支，关乎公众利益，如何加强PPP项目的治理，使得此类项目的实施过程保证公平、透明、有效，成为公共项目治理机制设计中的关键问题。政府的项目机构，如公路管理局等，可能受政府委托，代表政府来实施PPP，但如何对此类PPP实施机构进行恰当监督和规制，如指南所述，国际上主要包括三种：

（1）最高审计机关：在很多司法体系中，审计机关为独立机构，他们可以将PPP项目作为对政府部门常规审计的一部分，也可以单独对PPP项目进行针对性审计，包括PPP项目实施绩效审计、关键环节审计、物有所值审计；

（2）立法机构：其常常通过立法形式，确定PPP框架，有时可以直接参与项目过程的审查、事后监督、PPP项目支付义务审查，例如，在英国，议会常常对PPP审计报告进行听证；

（3）公众参与：公众参与制度是现代社会治理的一个越来越重要的机制，主要实现的是民众参与决策过程的监督与建议，将此制度引入PPP项目，从而使公众能参与PPP项目设计决策过程、监督服务质量，从而保证PPP项目过程的透明。

公众参与越来越成为项目治理的一种机制，世界银行为其贷款的项目引入了公众参与机制，确保项目的实施带来社会视角方面的可持续。主要的公共参与方法包括：

● 社会评价（Social Assessment），主要步骤包括（1）进行利益相关方分析；（2）定义社会因素；（3）收集数据；（4）分析数据并确定优先次序；（5）开发利益相关方协商计划。

- 利益相关群体分析（（Stakeholder Analysis））：涉及的各个利益相关群体可划分为：（1）主要利益相关方（Primary Stakeholders）指的是穷人和边缘群体，他们缺少信息和权力，被排斥于发展进程之外；（2）借款利益相关方（Borrowing Stakeholders）指的是借款国政府；（3）次级利益相关方（Secondary Stakeholders）主要包括非政府组织、商业机构以及那些有一技之长、直接面对主要利益相关方的各类专家。具体步骤包括：（1）识别关键利益相关群体；（2）评估利益相关群体的利益以及项目的潜在影响；（3）评估利益相关群体的影响及重要性；（4）确定利益相关群体的参与策略（信息共享→咨询→协商→赋权）。
- 参与式评价方法（Participatory Appraisal）：参与式评价方法主要有参与式乡村（PRA），自尊、联想能力、富于才智、行动计划和追踪责任制（SARAR）以及受益评价（BA）。
- 参与式监测（Participatory Monitoring）参与式监测是由公众（主要是受项目影响人）对项目的实施情况进行监测，就监测所发现的问题提出建议，制订行动方案，并激励各方执行。公众包括但不限于受项目影响人、妇女代表、少数民族代表、关注项目的公众、非政府组织、环保、社会专家或其他利益相关方等。

2.5.1 PPP项目以及计划信息的披露

【指南内容要点】

- 透明是治理的一个十分重要的原则，许多国家对PPP项目信息进行披露，并将及时公开作为体现社会责任的一种表现。
- 许多政府采用主动在公共信息载体披露PPP项目合同信息，而不是等到有公众咨询后才公布，供任何感兴趣的人可以查阅；政府PPP项目信息披露的具体方法包括：建立在线项目信息数据库或在线合同信息图书馆，提供项目合同纲要与其他核心信息。
- 信息的主要发布机构一般为PPP机构（PPP Unit），如在秘鲁，设立在公共工程部的PPP机构就负责发布此类信息，包括合同信息、合同变更和月度业绩报告。
- 很多国家依据透明法、信息自由法或PPP法律，将PPP项目信息披露作为一项强制义务，但各国具体做法不一，如是否发布信息、发布什么信息、什么时间发布等，如智利、秘鲁、巴西等国要求将整个PPP合同都公布；其他国家，如英国，要求发布之前对PPP合同进行编辑整理，避免泄露敏感商业机密问题；即使在法律不强制披露PPP项目信息的国家，一般负责各个具体领域的主管部委也会主动公布合同信息，如印度。
- 有些国家采用被动信息披露方式，即：只有在有具体人员咨询时才予以披露，如南非，但无论咨询和答复都有法律依据，且有程序上的限制；不同国家有不同的被动信息披露成本和时间表要求。
- 要让公众理解项目，仅仅披露PPP合同信息也许是不够的，项目的一些附加信息和用简明易懂的语言描述主要合同条款是有益的；维多利亚1982年信息自由法案要求，除了在维多利亚政府采购委员会网站发布所有PPP合同外，还要发布项目摘要，提供关键项目特征和项目商业条件方面的信息。

● 世界银行 2013 年的报告"PPP 项目与合同信息披露"揭示出,世界各国的潮流是逐渐对 PPP 项目进行更广泛的信息披露。

【内容解读】

本部分说明了全球范围内,针对 PPP 项目信息披露问题各个国家的做法以及世界银行等多边机构倡导的方向。从各国实践来看,对 PPP 项目信息披露呈现出了越来越主动、越来越让普通公众有能力和渠道了解的趋势,从而真正保证了公众的知情权与监督权。

2.5.2　最高审计机构的角色

【指南内容要点】

● 在监督公共开支,承担社会责任方面,最高审计机关扮演重要角色,即:就政府资金开支情况,向议会和公众提供独立审查意见。

● 最高审计机关的授权在不同国家有所差异,但一般包括两类审计:一是经常性审计,包括审计政府实体和政府机构的财务报表以及决策过程的合规性与廉洁性,审查 PPP 义务是否反映在账户中,是否遵循了 PPP 流程,在南非,一旦常规审计提出欺诈或腐败嫌疑,将启动法庭审计或绩效审计。第二类便是绩效审计,即"项目物有所值"审计,审查政府的执行效果和效率,指南中给出了澳大利亚新南威尔士州对悉尼穿城隧道 PPP 项目业绩审计的例子,以及维多利亚州墨尔本有轨电车和铁路系统 PPP 项目再谈判前的物有所值审计例子。

● 最高审计机关也可以参与 PPP 项目监管,在某些国家,在征得最高审计机关的认可前,PPP 合同不得开始实施,因此,审计机关也可以将 PPP 债务和实施过程作为其日常审计的一部分,同样,审计机关也可以进行 PPP 项目绩效审计,即物有所值审计。

● 审计机关的此类审计能帮助提高 PPP 项目的治理水平,但应当注意,不能在审计中要求一些与 PPP 目的不相适应的额外要求,造成项目进度延误,因此,审计机关也需要培训和其他支持,世界银行和几个审计法院支持的国际高级审计机构组织(international Organization of Supreme Audit Institution,INTOSAI)提供类似培训,并编制了 PPP 系列手册。

【内容解读】

就 PPP 项目而言,最高审计机关日常性审计体现在两个方面。

● 合规性审查,即审查 PPP 实施中是否遵守了各项 PPP 规定,如关于财务方面的开支是否上报获得批准。

● 财务报告审查,即审查 PPP 项目的财务影响,PPP 的相关信息及其债务是否在财务账户中恰当说明或记录。

一旦经常性审查发现有违规或腐败嫌疑,接下来就可能启动司法审计或绩效审计。

PPP 绩效审计主要是针对具体项目层面的,INTOSAI 建议,应在 PPP 服务采购后,尽快开始审计,并在 PPP 寿命周期内进行跟踪审计。只要是影响物有所值原则的事宜,都应纳入重点审计内容的范围,这些要点包括:PPP 项目识别,具体交易过程的管理,招标程序,合同最终定稿以及后续合同管理的相关事宜。

在 PPP 成熟度较高的国家,不但对具体 PPP 项目进行审计,而且还要对国家 PPP 整体计划的物有所值进行审查，审计结果供后续的 PPP 项目决策时借鉴。英国是公认的 PPP 制度成熟度较高的国家，英国国家审计局在 2011 年颁布了一个对 PFI❶ 和其他大型政府采购项目的审查报告❷，其总结的纲要内容包括：

- 财政部提供的各类支持，包括编制合同范本，建立私人融资管理部门等，对 PFI 支持很大。

- 将私人资金引入基础设施建设带来一定的好处，但并不是任何情况下都适合采用 PFI 模式，严谨准确的 PFI 绩效评定方法仍然有待于进一步的开发。

- 由于 2008 年金融危机，政府资金缺乏，使用私人资金的代价越来越高昂，因此，需要继续寻求其他可能的融资模型以及进一步提高现有合同的效率。

- 英国政府将从过去在社会设施（学校和医院）采用 PFI 模式，转向未来主要在经济基础设施（能源、电力等）上采用 PFI，并且，政府希望通过提高效率，使相关开支节省 10% 以上。

该报告给出的主要经验包括：

- 项目前期数据应尽可能保持准确，如对工期和成本的估算，以便恰当决策，确保项目采用 PPP 模式"物有所值"。

- 相关部门和人员要有足够 PPP 项目管理的技能、能力与经验。

- 为了确保项目沿着正确的方向前进，体现物有所值，各个部门应在恰当的授权之下，要有高度的社会责任感，确保项目实施顺利。

- 要对项目采购方法、项目范围、项目商业方案进行严格审查，从而识别出实施 PPP 的更好的机会。

该报告还进一步给出详细的说明，包括：

- 目前仍没有准确的数据得出最终结论，证明 PPP 项目的实施比传统项目更能体现物有所值。

- 政府采购负责部门没有清楚地给出他们实际需要的基本成本和运营数据。

- 没有足够数据说明私人投资者承担风险的经济回报。

- 现有情况表明，公共部门的商业技能远不如私人部门，这导致公共部门在合同谈判与管理方面处于不利地位。

- 由于 PFI/PPP 项目周期长，存在一种危险，即：在此类项目工作过的顾问等专业人员一旦离开此类项目，没有机制保障将他们在此类项目上积累的 PFI/PPP 专业知识传递给后续 PPP 项目人员。

- 虽然有很好的与 PFI 项目相关的项目保证和治理过程，但叫停大型项目的情况，仍然时有出现。

- 虽然有的项目由地方政府负责合同签订，但这些项目属于中央政府管理和资助的大型项目计划的一部分。

- 在采用 PFI 以及项目范围决策方面，仍存在大的挑战。

- 由于 PFI 合同期限高达 25～30 年，所以合同可能具有相对大的灵活性。

---

❶ PFI 是英国早期采用的术语，可以认为是英国 PPP 模式的一种形式。

❷ United Kingdom, National Audit Office（2011），Lessons from PFI and other projects，London

- 在如此长的期限中，公共当局很少再有机会进一步提高效率。
- 英国现有 700 个左右的 PFI 合同，英国公共部门，还没有像私营部门一样，利用其市场地位获得规模经济效益。

需要注意的是，高级审计机构往往只能对政府完全拥有或持有多数股份的支付机构或实体进行审计，因此，其无权或责任对 PPP 公司进行审计。然而很多相关信息为私人公司所拥有，审计机构获取这些信息可能会引起冲突。印度监察和审计总局（Comptroller and Audit General，CAG）发行的 PPP 公共审计指南建议，CAG 审计 PPP 项目时获取信息的权利应该在公共审计中做出规定；INTOSAI 出版的 PPP 项目审计指南指出，审计机构必须清楚其从与 PPP 相关私人公司获取信息的权利。

2.5.3　立法机构的角色

【指南内容要点】

- 立法机构参与 PPP 的方式有若干种，包括：确定 PPP 框架；确定 PPP 债务限额；批准 PPP 项目；接收和审查 PPP 报告。
- 确定 PPP 框架：专门的 PPP 立法中会规定 PPP 框架，建立此框架的目的是引导 PPP 项目的开发和实施遵循既定的规则，使得相关人肩负起责任。
- 确定 PPP 债务限额：这一角色主要是控制一个国家的 PPP 债务额度总量或年度限额，治理 PPP 风险和代际公平问题（Inter-generational Equity Issues）。
- 批准 PPP 项目：在许多国家，符合规模的 PPP 项目需要经过议会批准，当然，不同国家对这一规模有不同的要求，危地马拉甚至要求所有的 PPP 合同都必须经过议会批准。
- 接收和审查 PPP 报告：许多政府在其预算文件或财务报告中加入 PPP 项目信息，立法机构可以据此对政府的 PPP 债务额度进行详细审查，并要求决策者应对随后的项目绩效负责。

【内容解读】

重大基础设施投资关乎国家发展，立法机构会在此方面有不同程度的参与，特别是对大型项目，尤其当此类项目需要特别政策时。此类参与包括：相关规则的制定、项目批准、项目监督，主要是对项目引起的政府债务等方面的监督等。

就 PPP 项目而言，一般只有达到一定规模的项目才需要报立法机构批准，不同国家对需要批准的项目规模的规定并不一致，如：根据匈牙利的 1992 年 PPP 法令，若一个 PPP 项目给政府带来多年的支付义务，并且达到了净现值 2.3 亿美元的规模，则需要报国会批准；危地马拉要求，所有 PPP 项目都需要得到国会批准；在美国，截至 2010 年，有 9 个州要求 PPP 项目需要州立法机关批准。

就政府项目债务监管方面，有些国家或州设立专门的委员会进行审查，如：澳大利亚的维多利亚州议会，就设立了公共账户与估算委员会对该州的 PPP 项目进行审查，审查的方面包括：项目治理，风险分担，社会责任，公众利益保护，经济利益，物有所值，PPP 国际会计标准等方面。

虽然我国还没有发布正式的 PPP 法或特许经营法，但 2015 年，由国务院同意，国家发展改革委、财政部、住房城乡建设部、交通运输部、水利部、人民银行联合颁布第 25

号令，即《基础设施和公用事业特许经营管理办法》，自 2015 年 6 月 1 日起发布施行。这一部委令是在未来若干年内指导和规范我国实施 PPP 项目的法律性文件。

2.5.4 公众的角色

【指南内容要点】

- PPP 项目实施的终极目的是为公众带来价值，让公众恰当参加项目过程有助于 PPP 项目治理的完善。

- 最终用户或其他利害关系人直接参与 PPP 项目各个决策控制点，能够改进项目的设计和绩效。

- 公众参与有助于 PPP 项目实施的透明化，PPP 项目及其过程的透明能够使 PPP 业绩成为公共政策争论的一个因素，也会影响公众对政府总体业绩的评价。

- 在项目开发阶段，向利害关系人的咨询是关键的一环，这样就会将他们的关注和利益纳入项目的执行中；PPP 提供服务的用户满意度，或者说，PPP 提供的服务是否满足了用户的期望，连同其技术或功能属性，是 PPP 项目业绩的重要衡量标准。

- 在项目实施阶段，公众的反馈意见，包括投诉，则有助于对 PPP 项目绩效的监控。

- 公众反馈机制可以采取不同的方式建立，3.7 节会有进一步描述。获取公众反馈可以借助网络平台持续输入来自用户的信息，也可采取常规性用户调研，还可以建立具体的用户投诉渠道。

【内容解读】

如前面所述，基础设施项目关乎众多利害关系人的利益，在实践中，公众利益则容易被忽视，但长此以往就会产生社会问题，激化矛盾，也违背项目开发的初衷，因此，如何建立良好的公众参与 PPP 项目的机制是 PPP 项目治理机制的一个关键问题。前面我们介绍了世界银行对其贷款项目，都要求有公众参与这一环节。

目前我国各部委出台的文件中，也有关于 PPP 项目的公众参与的规定，主要涉及三大方面：公众参与项目评价、公众参与公共服务定价以及项目实施的公众知情与监督。

国家发展改革委在《关于开展政府和社会资本合作的指导意见》中指出，PPP 项目的绩效评价方面，可将公众满意度调查等纳入到项目实施结束后的后评价，评价结果作为完善 PPP 模式制度体系的参考依据。

关于公众参与绩效评价，财政部《关于推广运用政府和社会资本合作模式有关问题的通知》也指出，要稳步开展 PPP 项目绩效评价，加强对项目公共产品或服务质量和价格的监管，建立政府、服务使用者共同参与的综合性评价体系，对项目的绩效目标实现程度、运营管理、资金使用、公共服务质量、公众满意度等进行绩效评价。绩效评价结果应依法对外公开，接受社会监督。

财政部、国家发展改革委及人民银行《关于在公共服务领域推广政府和社会资本合作模式指导意见》中强调，对于政府和社会资本合作项目，要建立政府、公众共同参与的综合性评价体系，依法充分披露项目实施相关信息，切实保障公众知情权，接受社会监督。要健全公共服务价格调整机制，完善政府价格决策听证制度，广泛听取社会资本、公众和有关部门意见，及时披露项目运行过程中的成本变化、公共服务质量等信息，提高定价调价的透明度。

以上规定意在保证公众多角度全方位参与，有利于保障项目顺利实施，避免中途腐败等问题。但目前政策文件偏概括性，关于公众参与方面的内容多为原则性或指导建议，内容方式不够具体，不利于公众参与真正落到实处。

3 PPP 项目的实施

本知识模块主要提供关于 PPP 项目开发与实施全过程管理的操作程序与相关知识，从最初的项目识别，到贯穿项目生命周期的 PPP 合同管理，为 PPP 实践提供进一步指导。

在项目开发前期，政府面临一个悖论，即：政府希望开发那些成本效益良好，能实现物有所值的项目，但所开发的项目是否能满足这一目标，只有当完成项目全部设计才能得以全面的评估，并且在收到投标书后才能确认该项目是否能够实现。另一方面，政府认为，除非项目最终被证明值得开发和实施，否则，它就不想为此类项目在前期花费大量的费用来进行各种开发活动；但若不投入大量前期开发费用，政府就不知道此项目是否值得开发。

因此，在项目开发前，政府必须在前期投入的开发费用与获得足够信息以判定项目是否值得开发之间取得平衡。处理此悖论的主要方法是过程迭代（Iterative Approach），即：在项目开发的各个连续的子阶段中，进行渐进地、越来越精确的项目筛选，基本思想是，在公共资金投入项目前，这些项目必须显示出其很可能成为恰当的 PPP 项目的潜力。

接下来的准备阶段就可能被分成若干子阶段，但涉及的工作范围更广，费用开支更高；每进行下一阶段，要对上一阶段进行审核，审核结果要显示出，项目很可能会满足成功 PPP 项目的各项指标。

本知识模块中，开发 PPP 项目的迭代过程如下。

● PPP 项目识别与筛选：一般来说，PPP 项目识别之前，各国都会有公共投资项目规划和项目选择过程，这些项目通过筛选，有可能变为 PPP 项目。

● 通过筛选的潜在 PPP 项目继续开发和评估，这也是迭代过程，即：项目评估与项目风险责任在参与方间结构化可能交替渐进进行，项目结构化和评估的结果是继续 PPP 交易得到批准的依据。本模块 3.2 和 3.3 将分别讨论 PPP 项目评估和结构化。

● PPP 项目交易之前，需要起草 PPP 合同草案，用恰当的法律语言，通过细节阐述使 PPP 结构化进一步完善。本模块 3.4 给出了 PPP 合同设计的一些关键元素（Elements）。

● PPP 交易的管理是一个复杂的过程，需要设计完善、恰当实施，才能达到其物有所值的目的。本模块 3.5 对 PPP 交易管理有详细描述。

● 有些国家，也采用由私人部门主动提交 PPP 项目建议书的方式（Unsolicited Bid），来启动 PPP 项目。本模块 3.6 描述了这种方式。

● PPP 合同签订后，PPP 项目进入了最终的持久"项目寿命周期"合同管理阶段，具体见本模块 3.7。

本模块所描述的 PPP 项目开发和实施过程的五个部分的逻辑结构如图 3-1 所示。

需要注意的是，发展 PPP 是一个复杂的过程，而且每一个 PPP 项目都是独特的，所以本指南远非是详尽的资源。公共部门的官员在实施 PPP 项目时应雇用有经验的顾问。世界银行关于 PPP 基础设施项目雇用顾问的指南（World Bank toolkit for hiring advisors for PPP in infrastructure）提供了大量关于雇用和管理顾问的指导。

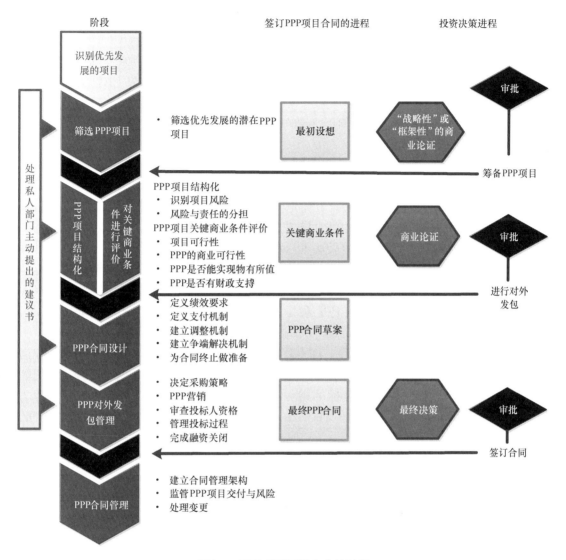

图 3-1 PPP 项目开发和实施过程

3.1 PPP 项目识别

【指南内容要点】

PPP 项目识别包括三个阶段：识别公共投资项目的优先顺序，筛选潜在的 PPP 项目，建立初步的 PPP 项目储备库。具体要点如下。

3.1.1 识别公共投资项目的优先顺序

● 潜在 PPP 项目识别的起始点是识别公共投资优先的项目，许多政府都有明确的程序和方法来进行公共投资规划，良好的公共项目投资规划与管理对 PPP 项目成功实施十分关键，因为如果没有满足部门核心需求的明确目标，即使 PPP 项目有好的结构化和管理，也不会有效果。

- 除了从公共投资项目储备库中选择之外，PPP 项目也可能来自某基础设施部门为改进其业绩的改革，或私人部门主动提出的 PPP 项目建议书；私人部门主动提出建议书对政府而言，可以利用私人部门建议来解决基础设施挑战，但是，私人部门提出的 PPP 项目建议可能与更广泛的部门及基础设施规划优先顺序不一致，应该使任何建议的公共投资和 PPP 一样，进行分析和筛选。

3.1.2　筛选潜在的 PPP 项目

- 在某一个时间节点，从公共投资优先项目中筛选出潜在的 PPP 项目，筛选的目标是识别备选项目在现有信息下采取 PPP 模式是否能提供更好的价值，具体在公共投资的哪个阶段选出潜在 PPP 项目，各国做法不尽相同，在澳大利亚和荷兰，一旦项目被批准并预算为公共投资项目，采购方案便被评估是否可以采用 PPP 模式；在智利，则所有的公共投资项目都要由国家规划委员会进行成本—收益分析，社会回报率超过规定的项目才会进入公共投资项目名单，而潜在 PPP 项目就来自这个名单；而在韩国和南非，在项目已做过预可研和技术可行性研究或成本—收益分析后，潜在 PPP 项目才被识别出来。

- 为了选择出恰当的 PPP 项目，许多政府引入了选择标准或者选择检核表，比如南非在其 PPP 手册里列出的选择标准为：项目规模、明确规范的产出、风险转移、市场能力和兴趣；哥伦比亚的 PPP 选择标准则包括：PPP 实施机构的组织能力和专业能力（Functional Capacity）、吸引能胜任项目的私人伙伴的可能、风险、项目大小和持续时间、紧迫性以及利益相关者的意见。

- 从优先投资项目中识别出潜在 PPP 项目通常是各部委机构的责任，但对新引入的 PPP 项目计划来说，相关机构可能需要 PPP 专门机构的支持来克服专业知识不足或动力不足问题；由于 PPP 项目开发和交易比传统公共投资项目的花费高，相关机构在识别 PPP 项目时会有为难情绪，建立 PPP 开发基金将会有助于解决这一问题。

- 筛选产生的结果是一个 PPP 项目储备库，这些项目的目的是实现基础设施和相关领域的战略规划，公开这个项目库，是引发私人部门投资 PPP 项目兴趣的良好途径。

3.1.3　建立初步的 PPP 项目储备库

- 面对 PPP 项目储备库，政府需要考虑一定的标准来决定先发展哪些潜在 PPP 项目。菲律宾在 PPP 项目储备库中选择优先发展的潜在 PPP 项目的标准有：项目的准备程度和所处的阶段、与部门发展需求一致、高度可执行性。

【内容解读】

对于 PPP 项目的识别，需要回答的问题是：

- 从哪里选择 PPP 项目？
- 什么时间开始选择？
- 选择的标准是什么？
- 哪个机构负责选择？
- 筛选的最终结果体现形式是什么？

根据国家经济发展与投资战略，相关负责部门会通过一系列的管理程序，选择出公共投资优先项目，再从此中，通过附加PPP选择的标准，选择潜在的PPP项目，有的国家可以从公共投资优先项目中选择所有PPP项目，有些国家则只能选择某些部门的PPP项目。选择的阶段有的在公共投资项目预算确定之后，如澳大利亚和荷兰；也有的作为公共投资项目被评估与批准之后，如智利；有的国家则是在预可行性分析或策略选择分析之后就选定备选PPP项目，后续的项目详细评估都作为PPP项目的一个过程来看待，如韩国。因此，PPP项目的选择也可以被看作是国家公共投资项目选择的一个"分支"。

PPP项目的选择标准各国虽有差异，但总体相同，这些标准包括：

● 项目要达到一定的规模：由于PPP前期开发等交易费用高昂，若项目规模较小的话，就不经济，如新加坡开始实施PPP计划时，要求项目规模不低于5000万美元；巴西法律规定，PPP项目规模不低于1170万美元。

● 项目目标产出必须能够用合同条款清晰表述出，并根据产出设计出支付机制。

● 风险转移的机会：PPP项目风险的转移是实现其物有所值的重要手段，若此手段不能实现，或转移的风险有限，此类项目采用PPP模式可能不适合。

● 市场对此PPP项目是否感兴趣：应该与潜在的投资者进行沟通，看看市场对此项目是否有"胃口"。

至于哪一个机构负责前期具体筛选PPP项目，各个国家的做法不一，一般相关领域的部门根据本部门规划提出，由财政部门负责总体协调和宏观管理，除了专门的PPP机构协助外，一般都不同程度上借助专业机构的专业服务。

我国负责PPP项目识别等宏观管理的是国家发展改革委和财政部，国务院以及相关部门自2014年颁布了多个与PPP项目相关的政策性文件，主要的文件如下，更为详细的文件清单见附录1。

国务院：

● 关于创新重点领域投融资机制鼓励社会投资的指导意见（国发〔2014〕60号）。

财政部：

● 关于推广运用政府和社会资本合作模式有关问题的通知（财金〔2014〕76号）；

● 关于印发政府和社会资本合作模式操作指南（试行）的通知（财金〔2014〕113号）。

国家发展改革委：

● 关于开展政府和社会资本合作的指导意见，发改投资〔2014〕2724号；

● 政府和社会资本合作项目通用合同指南〔2014〕；

国家发展改革委，财政部，住房城乡建设部，交通运输部，水利部，中国人民银行，第25号令；

● 基础设施和公用事业特许经营管理办法，第25号令（详细内容见附录3）。

就项目前期的识别，财政部规定，"地方各级财政部门要会同行业主管部门，根据有关政策法规要求，扎实做好项目前期论证工作（财金〔2014〕76号）"。对由政府发起的项目，"财政部门（政府和社会资本合作中心）应负责向交通、住建、环保、能源、教育、医疗、体育健身和文化设施等行业主管部门征集潜在政府和社会资本合作项目。行业主管部门可从国民经济和社会发展规划及行业专项规划中的新建、改建项目或存量公共资产中遴选潜在项目（财金〔2014〕113号）"；对由社会资本发起的项目，"社会资本应以项目建议书的方式向财政部门（政府和社会资本合作中心）推荐潜在政府和社会资本合作项目（财金〔2014〕113 号）"。

国家发展改革委规定，各省区市发展改革委"从准备建设的公共服务、基础设施项目中，及时筛选 PPP 模式适用的项目，按照 PPP 模式进行培育开发。各省区市发展改革委要建立 PPP 项目库，并从 2015 年 1 月起，于每月 5 日前将项目进展情况按月报送国家发展改革委（发改投资〔2014〕2724 号）"

五部委与人民银行联合发文的 25 号令第九条规定，"县级以上人民政府有关行业主管部门或政府授权部门（以下简称项目提出部门）可以根据经济社会发展需求，以及有关法人和其他组织提出的特许经营项目建议等，提出特许经营项目实施方案。"

在项目识别阶段，筛选的最终结果体现形式是 PPP 项目储备库，在决定先发展哪些潜在 PPP 项目时，可能需要考虑一些附加因素，如在菲律宾，在 PPP 项目库选择优先发展的潜在 PPP 项目时，主要考虑下列因素：

- 项目准备的成熟度以及准备所处于的阶段。
- 满足项目领域需求的程度。
- 是否达到了"高度的可执行性"。

3.2 PPP 项目评估

【指南内容要点】

- PPP 项目评估具体包括四个方面：项目可行性与经济活力评价；商业可行性评价；"物有所值"评价；财政影响评估。PPP 项目在可行性（Feasibility）与经济可行性（Viability）分析方面与公共投资项目没有明显区别。

3.2.1 项目可行性与经济可行性评价

- 项目可行性评价：在评价项目前，先将项目进行定义，定义的内容包括：项目概要、采用的技术、产出、服务的目标人群，同时对投资、运营维护费用、预计收入等进行估算，项目定义应该足够广泛，以用于对项目的可行性进行三个方面的测试：技术可行性、法律可行性、环境和社会可持续性。
- 经济可行性评价：若要项目具备经济可行性，就需要其经济收益大于其经济成本，经济成本一般指财务成本，同时还可能加上环境破坏成本，项目经济收益则是指项目给公众带来的价值，项目的收入是项目收益的主要方面，项目收益远不止项目收入，比如高速公路使交通改善带来的收益会超过公路收费带来的收入，一所高中学校即使不收费，但却能改进上学孩子的生活和前途，这就是学校项目带来的教育价值。经济可行性评价还包括"成本—收益分析"，来证明该项目是实现预期效益的最低成本方法；具体到 PPP 项目，大多数国家要求其要与所有主要政府投资项目一样达到项目可行性与经济可行性标准，但也有国家针对 PPP 项目提出单独的评价要求，但评价内容大体相当。
- PPP 执行机构应该清楚，评估 PPP 项目经济可行性的工作为其他后续评估提供了基础：定义项目是建立 PPP 财务模型与商业和财务可行性分析，以及物有所值定量分析的基础，技术可行性评估和社会与环境可持续性评估将为风险分析奠定基础，经济可行性评估中的成本和需求估计为财务模型和物有所值分析提供了最初的数据输入。

3.2.2　商业可行性评价

- 项目的可行性和经济可行性评估通过后，接下来便要评估该项目以 PPP 方式来发展是否具有市场吸引力。商业可行性评估则是判断该 PPP 项目是否对市场有吸引力，判断标准是私人投资是否觉得该项目有好的财务回报，且承担的项目风险是合理的；财务回报评估的基础是财务分析，就是建立财务模型来判断项目现金流、收益回报及财务稳健性；当来自用户收费的收入超过成本和资本商业回报率要求时，在风险合理的前提下，项目会被认为具有商业吸引力；当来自用户收费的收入达不到这一水平时，政府可用财务分析来评估为达到商业吸引力所需的政府投入，这一政府投入如 2.4.1 所述，需要进行财政分析；

- 项目的市场活力（market sounding）评估可直接由政府机构来进行，也可委托给交易顾问。有经验的交易顾问比政府机构更容易知晓可能的投标者，可为政府提供更为真实、细致的市场反馈。如果没有有经验的交易顾问，政府可以雇用来自多边金融机构的顾问服务，比如由多边投资基金（Multilateral Investment Fund，MIF）提供的国际货币基金组织（IMF）PPP 顾问服务与支持。

3.2.3　"物有所值"评价

- 项目"物有所值"评价：大多数政府采用 PPP 模式的终极目的就是要在提供基础设施时达到"物有所值"之目的，所谓物有所值就是指在提供用户所需服务的过程中实现效益与成本的最佳配置；"物有所值分析"指的是评价一个项目采用 PPP 是否能够给公众带来比传统政府采购更好的价值。

- 国际上大多国家要求 PPP 项目需要通过物有所值分析才能继续进行，既可以对某一具体潜在的 PPP 项目进行物有所值分析，也可以对采用 PPP 模式的某一类项目进行物有所值分析。

- 物有所值分析方法既包括定性分析法，也包括定量分析法；定性分析法指的是合理审查采用 PPP 模式的论据，也就是设问以下问题：潜在项目类型是否适合采用私人融资？是否具备达到物有所值目标的条件，比如，PPP 已被恰当结构化，有一定的竞争强度。定性物有所值分析可以作为 PPP 项目筛选过程的一个步骤，指南中给出了英国、法国和美国弗吉尼亚联邦的具体物有所值定性分析标准。

- 定量分析法指的是，将 PPP 模式与公共部门比较基准（Public Sector Comparative，PSC）相比较，最常见的比较方式有两种：一是针对同一项目，比较采用传统模式与 PPP 模式政府所需的财政成本（Fiscal Cost）；二是对两种模式进行成本—效益分析，量化比较相对于额外成本，PPP 能比传统采购带来更多的预期收益。

- 物有所值分析，尤其是 PSC 量化方法的使用，引起了广泛的争议，一些人质疑 PSC 的价值及其恰当性，认为 PSC 方法远没有看上去那么科学，极有可能误导决策，或者相反，这一数据得到过晚而不能真正成为决策的依据。

3.2.4 财政影响评价

● 评估财政影响：虽然 PPP 项目可能各方面是可行的，经济是有活力的，物有所值分析也显示出采用 PPP 模式是最好的策略，但由于政府受到财政约束，因此需要确定政府对 PPP 项目的支付能力，在评估 PPP 项目时对政府的财政支付能力进行评估，避免在财政方面出现"不负责任的"情况；不过，许多实施 PPP 项目的政府并没有完全理解他们可能的成本，从而带来了相当大的财政风险。

● 对于 PPP 项目，政府财政方面的义务包括直接支付义务和或然支付义务。

● 政府直接财政支付义务可能包括填补项目经济可行性缺口（Viability Gap）的资本补贴，可以是建设期补贴，或股本投资；基于"服务可供应性"的项目生命周期内定期支付或补贴，条件是按照合同规定的质量提供了服务或资产，可根据业绩以奖金或罚金形式对支付进行调整；影子收费或基于产出的支付；政府直接支付义务的价值大小取决于项目成本和项目非来自政府的收入。

● 政府直接支付义务的财政成本可用不同的方法进行衡量：一种是估计政府在合同期内每年的支付，这种方法有助于考虑项目支付对财政预算的影响；另一种是计算支付的净现值，这种方法衡量了政府对项目的全部财务义务，常在需要将 PPP 计入财务报表和进行财务可持续性分析的情况下使用，然而，计算净现值需要选择折现率，恰当折现率的选择备受争议，尚没有定论。

● 以上两种方法在衡量政府直接支付义务的价值时，都应对支付可能的变化进行估计，比如市场需求变化，或当以外币支付时面临的汇率变化。在估计了政府直接支付义务的成本后，政府需要决定他们是否有相应的支付能力。

● 政府直接支付义务应该在项目结构化过程中进行明确规定。政府在投入大量资金准备项目之前必须对财政支付能力评估所需的支持水平和类型做到心中有数。项目评估所设定的财政限制会影响项目结构化过程，使最终达到的项目结构既满足财政责任又具有市场吸引力。

● 政府的或然支付义务指的是政府承担的风险发生后，需要政府承担的支付责任，政府无法控制这一责任会不会发生、何时发生以及发生规模的大小。

● PPP 合同下政府的或然责任可能包括：（1）基于某一特定风险变量偏离合同约定水平的担保，当特定风险变量偏离合同约定的水平时，政府保证对私人部门的收入进行补偿；（2）合同中的补偿条款，比如承诺在某一特定不可投保的不可抗力事件发生后，对私人部门遭受的损害或损失进行赔偿；（3）合同终止时的支付承诺，当合同由于公共部门或私人部门违约而终止时，政府承诺支付一个商定的金额，这一金额大小取决于违约发生的情景；（4）债务担保或其他信用增级，即在特定风险或事件发生时，偿还部分或全部债务的承诺。

● 评价政府的或然责任非常困难，关于 PSC 计算的澳大利亚基础设施指南注解（Infrastructure Australia guidance note for calculating the PSC）中描述了两种可能的方法：情景分析法和概率分析法。

● 情景分析方法对影响或然责任价值的事件或风险变量偏离的发生进行假定，在给定的假定下计算或然支付义务的成本；概率分析法则利用公式分析影响或然责任价值的风险变量将如何变化，然后利用数学和计算机模型来计算相应的成本结果，这种方法能够估计可能成本的分布，从而计算出成本的中数和平均数以及不同概率水平下的成本大小。

● 情景分析法在风险分析上相对简单，实践中多数国家采用这种方法，而概率分析法需要更多的数据和复杂的统计分析，实践中只有几个国家使用过。

● 通过对上述两类支付义务的评估，政府可以由此评估其在给定财政约束下的支付能力。一些国家引入了或然责任基金为这些或然责任提供预算和防护（Ring-Fence）。

【内容解读】

只有项目本身可行，才能考虑其是否可以采用 PPP 模式实施，因此，对于拟采用 PPP 的项目，前期政府通常采用与传统项目开发模式类似的技术和经济评估方法。

前期评估大体包括两个方面：第一个是提出项目概念，进行可行性评估；第二个是从经济可行性角度来评判该项目是否是一个好的公共投资项目。

项目可行性与经济可行性评价在本指南中包括三点：一是项目定义与相关可行性初评，二是项目经济可行性评估，三是此类可行性评估方法在 PPP 实践中的应用。

英国项目评估绿皮书给出两个问题，来回答项目是否经济可行：

● 有无更好的方法实现预期目标？

● 这些资源有无更好的用途？

关于 PPP 可行性研究方法，大多数国家与一般公共项目基本相同，如：在菲律宾，所有基础设施项目都需要经过完整的可行性研究过程，PPP 项目也一样；在智利，2010 年特许经营法规定，对潜在的 PPP 项目要进行社会评估，并经过国家规划部批准；在印尼，其基础设施担保基金规定，任何需要担保的 PPP 项目都需要达到三个方面的标准：技术可行性、经济可行性、环境与社会需求等。

关于商业可行性评价，即：是否有投资人对此项目感兴趣。私人投资者是否感兴趣决定于他们对项目能否盈利的判断。这一般通过项目财务模型来确定，其中涉及三个参数：现金流、利润率、财务稳健性。任何私人部门，在其决定是否投标 PPP 项目时，都会建立自己的财务模型，政府在对 PPP 项目招标前，也会自行或聘用咨询公司建立财务模型来分析项目采用 PPP 模式的财务预判，也作为未来与投标人谈判的基础。

关于物有所值分析法前面章节我们也提到过。这个方法来自英国，并被澳大利亚、加拿大、南非等国接受和采用，并逐步成为一个国际惯例做法。一般在实施过程中，物有所值分析是决定该项目是否采用 PPP 模式的一个重要工具。

根据国际上的实践，物有所值的定性分析方法涉及的内容包括：

● 物有所值定性分析应当在项目早期，并可能与项目筛选交叉，并可构成项目筛选的一部分工作；

● 分析拟建项目是否适合私人融资；

● 是否达到了"物有所值"标准需要的条件。

英国财政部给出的物有所值定性评估标准包括：

● 该项目提供的服务有长期可预测的需求，即可持续性标准；

● 通过基于绩效的支付和确保足够的私人资本投入来分担风险，即有效分配风险的能力；

● 私人部门有承担风险、保证项目交付的能力；

● 有稳定和充分的政策和制度安排；

- 有一个竞争性的投标市场。

欧洲 PPP 技能中心（EPEC）给出的取得物有所值所必须满足的条件为：

- 项目规模大，需要高效的风险管理，但项目可以是一个独立项目或一系列可以重复的小项目；
- 私人部门有设计和实施项目的专业技能；
- 公共部门能够在合同中将其服务需求表达清楚，确保从长期来看项目运行高效和责任清楚；
- 风险能清楚地识别，并能在公共部门和私人部门之间清晰地分担；
- 能够对项目全生命周期过程中，提供项目资产和服务的长期成本做出估算；
- 项目价值足够高，能确保其项目交易成本相对于项目总费用比例恰当；
- 项目技术状态合理稳定，不会出现短期突然的变化。

物有所值的定量分析主要依据两个数据：一是传统模式下的政府财政成本，即："公共部门比较基准"（Public Sector Comparator-PSC），二是 PPP 模式下的财政成本。因此，要想进行定量分析，必须计算出这两个比较值，PSC 的计算有些复杂，具体步骤如下：

- 首先计算采用传统公共采购模式下，一个项目全生命周期中的基建投资成本和运营维护成本；
- 为了在 PSC 和 PPP 之间合理比较，需要进行数值调整；
- 调整的方法通常有两种：风险调整与"竞争中性"调整；
- 风险调整：由于 PPP 项目将某些风险转移给了私人部门，因此计算私人收益时需要考虑这些转移的风险，即：在 PSC 值基础上加上此类风险费用之后再与 PPP 比较才公平合理；
- 竞争性中立调整：由于私人部门与公共部门所面临的国家政策不一样，如税收政策，不同模式下两个部门的角色不一样，在这两种模式下，对政府的成本开支和收益会产生实际影响，因此，在计算 PSC 时，应对政府方面产生的相关差异进行调整；
- 除了上述两种主要调整外，也需要考虑两种模式下对资金的需求时间不一样，应在比较时都采用净现值来比较。

PPP 模式下的财政成本的计算有两种方法：

- 按 PPP 项目招标前的预测成本计算；
- 按招标后的投标者的报价来计算。

按招标前测算成本的好处是，该数据能提前得到，便于前期决策使用，缺点是，该数据可能比较粗糙；按照招标后的投标报价则比较准确，但由于此报价需要在招标后才能出来，因此，实际上此时政府已经进行了大部分前期工作，数据出来的太晚，此时若发现采用 PPP 有问题，而取消该 PPP 项目，则可能前期已经花费了大量资金和时间。

由于定量分析的复杂性，并不是每个项目都需要进行定量分析，而且采用物有所值方法来决策 PPP 项目本身还存在争议，如：实际操作性不强，分析结果出现得太晚，对决策无大多意义，甚至误导决策者。但在没有更好的方法出现之前，相信未来大多数政府仍会采用此类方法来帮助决策是否采用 PPP 项目。

前面的采用 PSC 进行的比较是基于财政成本这个指标，但一个项目，除了财政指标，还有其他若干指标需要考虑，一些学者提出了应采用综合效益指标来比较，而不是仅仅比较纯财政成本。欧洲PPP技能中心（EPEC）列举的PPP在以下三个方面能带来非资金方面的效益：

- 加快项目建设速度；
- 提高项目建设运营水平；
- 更广泛的社会影响。

因此，理想的做法是，将采用PPP的其他非资金收益按一定的标准转化为成本，对原财政成本调整后，再采用PSC进行比较。如上所述，采用PSC进行定量比较已经很复杂了，再加上此调整可能造成这一定量比较更为复杂，不好操作，结果可能更加主观。目前新西兰是采用此方法的为数不多的国家。

我国财政部没有给出单独的规定来对PPP项目进行评价，而是在项目识别的阶段，规定：

"财政部门（政府和社会资本合作中心）会同行业主管部门，从定性和定量两方面开展物有所值评价工作。定量评价工作由各地根据实际情况开展。定性评价重点关注项目采用政府和社会资本合作模式与采用政府传统采购模式相比能否增加供给、优化风险分配、提高运营效率、促进创新和公平竞争等。定量评价主要通过对政府和社会资本合作项目全生命周期内政府支出成本现值与公共部门比较值进行比较，计算项目的物有所值量值，判断政府和社会资本合作模式是否降低了项目全生命周期成本"（财金〔2014〕113号"第八条"）。从上面的规定来看，财政部给出了一些原则性的规定，但具体如何做，特别是适应我国具体国情的定量方法，仍需要在实践中进一步探索。

确定了PPP项目是"物有所值"之后，政府仍不能确定项目就能继续实施，因为虽然采用PPP模式，政府对项目的支付义务有所减轻，但这并不意味政府不需要为此项目支付任何资金，而是仍在该项目中存在一定的财政支付义务，因此，需要确定政府能否承受得起这一支付义务，即：进行政府对PPP项目的财政承受力评估。

如上所述，即使对PPP项目，政府往往也有直接支付义务和或然支付义务。出现直接支付义务的主要原因可能是项目经济强度不够，即：私人投资人单单从项目本身收益中获得收入不能达到其预期投资回报，政府需要对项目"经济强度缺口"进行弥补，否则，就不会有投资人来投标，项目也就失去了市场吸引力，不能达到采用PPP模式建设该项目的目的。补贴可以分为前补贴和后补贴。前补贴指的是建设期政府给予的建设资金的补贴；后补贴则指项目竣工运营后，根据其服务可提供性或影子费用，给予投资人直接支付的费用。直接支付额的测算方法包括年度估算支付额测算法以及总支付义务的净现值测算法。

或然支付义务主要来自于政府在合同中提供的担保事项或风险发生后，政府需要支付的相关费用。担保主要是对项目的最低市场需求量等提供担保，或者对投资人的某些融资进行担保。由于此类债务的不确定性，这一政府的或然债务测算比较困难，常用的测算方法有两种：

- 情景分析法：假设影响或然债务的事件发生，计算出发生此事件下的损失值，如在最糟糕的情况下，政府承担的或然债务额度是多少；
- 概率分析法：根据变量影响或然债务的行为规律，通过数学和计算机建模，来计算出后果损失额度，主要得出的是各种损失的概率分布，尤其获得相关损失的中位数（最可能发生的额度）、均值（可能发生损失的平均数）、百分位数（发生某一损失值在全部情况下的百分位，比如：若发生某事件，其导致损失观测值为 100 万，若其百分位数为 90％，则意味着只有 10％ 的情况比 100 万高）。

在确定直接支付义务和或然支付义务后，政府就能在给定的财政约束下决策是否采用 PPP 模式投资该项目，其财政约束条件主要看政府能够承受的"风险总量"（参见我们在 2.4.2 中的讨论）。

本部分可以与第 2 模块第 4 节中的 PPP 的公共财务管理一起阅读理解。

前面我们说的政府的直接支付义务和或然支付义务，只是政府根据项目的特征，结合其可承担的风险总量控制来考虑的。但要真正地使项目进入实施阶段，这些直接支付义务和或然支付义务还必须通过与私人投资部门的合同设计固化下来。对于直接支付义务，合同比较容易规定清楚，但对于或然支付义务，则需要对相关风险进行识别，并在双方之间进行恰当的分配。

3.3 PPP 项目结构化

【指南内容要点】

● PPP 项目结构化就是 PPP 项目各方对责、权、利以及风险进行分配，并固化在合同规定之中；项目结构化过程是一个迭代过程，反复完善，而不是直接一次性写出一个详细的合同安排；PPP 结构化的目的是满足相关的评估标准，即技术可行、有经济活力、有商业活力、有支付能力的财政责任，并能提供物有所值。

● PPP 项目结构化的第一个步骤是将前一阶段形成的初步项目概念转化为商业条件，即：项目产出纲要、各方责任与承担的风险以及私人部门如何获得支付；关键商业条件应该足够详细，以便于在向 PPP 合同草稿细化投入必要的资源前对潜在 PPP 项目进行评估。实践中，PPP 结构化和 PPP 评估是平行进行的迭代过程，来自可行性研究和经济活力分析的信息是 PPP 结构化的关键，比如识别关键技术风险，提供需求和用户付费意愿的估计，然后 PPP 结构化考虑商业活力、支付能力和物有所值，据此对提议的风险分配进行改变；识别和分配 PPP 项目的风险是 PPP 结构化的重点，PPP 结构化的其他部分，比如责任分配和支付机制，都体现在风险分配中。

3.3.1 识别风险

● PPP 项目结构化需要首先对 PPP 项目风险进行识别，得出风险记录单；此处风险是从利益相关者角度来定义的，指的是影响项目价值的不可预测的变化，这一变化来自给定的潜在风险因素。

● PPP 项目风险因项目所在国、项目特征、涉及的资产与服务性质的不同而有所差异，但是，许多类型的 PPP 项目都会有一些共性的风险，一般可以划分为：现场风险，设计、施工、试运行风险，运营风险，市场需求和其他商务风险，政府规制和政治风险，法律变更风险，违约风险，经济和金融风险，不可抗力风险，资产所有权风险。

● 风险识别出后，就要对风险进行评估和判断，考虑不同风险的重要程度，判断的依据是风险发生的可能性、风险发生后对项目收入影响的严重程度。风险既可以定性评估，也可以定量评估。

3.3.2 分配风险

● 风险评估后，对风险进行分配，良好的风险分配有助于更好地实现物有所值。风险分配有两个主要目标：一个是风险分配能更好地激励各方将风险管理好，二是对于双方都不愿意承担的风险进行保险。

● 风险分配的核心原则是：每一项风险都应该分配给最有能力管好这一风险的那一方，学者们对这一原则进行了细化，又提出了三个子原则：（1）将风险分配给最有能力控制风险发生的那一方；（2）将风险分配给最有能力控制风险后果影响的那一方；（3）如果风险的发生和影响无法控制，则将风险分配给能以最小成本消化风险后果的一方。正如 OECD 关于 PPP 风险分担和物有所值的出版物❶所述，采用以上原则并不意味着把尽可能多的风险转移给私人部门，只有把私人部门能更好控制和减轻后果的风险转移给私人部门，才有助于降低项目总成本，改善物有所值。另外，必须清楚的是，转移给私人部门的风险越多，股权投资者要求的回报越高，或者说风险费更高，这会使债务融资更加困难。

● PPP 风险分担会受到一些限制：（1）项目前期无法识别完整风险，无法得出完整风险清单，或者识别完整风险的成本过高；（2）有些风险无法通过 PPP 合同进行转移，如私人部门总要承担政府毁约或征收资产等政治风险；（3）有些风险即使转移给私人部门，但如果损失超过私人部门的股权投资，私人部门会放弃该项目，该风险最终还是由政府承担。

● 风险分配完成后，其输出结果通常为一个 PPP 项目风险分配矩阵，其中列出已分类的各风险和这些风险由哪方承担，这一风险分配将被纳入合同中；实践中，在签订合同之前必须对风险分配矩阵再次进行检查，在合同生效前审查各方责任，可被视为一种附加的"守门"机制。

3.3.3 将风险分配计划融入合同设计

● 许多文献关注于风险分担，但其中有些文献给人的印象是，一旦风险分配完成，就会顺利地融入一个详细的合同，其实这是一种误解，有经验的 PPP 从业者会先通过一个中间步骤来定义合同结构的其他部分。因为每一项责任会和一系列风险相关，世行水业 PPP 工具包❷详细陈述了责任和风险同时进行分配的程序，首先识别主要责任或设计、新资产建造、融资、运营和维护等功能，对每一项功能，规定特定的责任，把识别出来的风险与每一项责任联系起来。

【内容解读】

在项目结构化阶段，最主要的就是如何在各方之间分配风险，这不但影响政府方面的或然支付义务，也决定该项目的商业条件是否能吸引足够的投资者提交竞争性投标书，因

---

❶ Organization for Economic Co-operation and Development（2008），Public-Private-Partnerships：In pursuit of Risk Sharing and Value for Money，Paris.

❷ World Bank（2006）. Approaches to Private Sector Participation in Water Services：A Toolkit，Washington，D. C.

此必须平衡好。在分配风险之前，尽可能识别出项目风险，得出完整风险清单，是一项重要工作。国际上对风险分类的方法有各种各样，但大体按风险的性质和阶段进行划分，除了上面文中所列的风险划分方法，国际上还有学者将风险类别按层面划分为：宏观风险、中观风险、微观风险[1]，如表3-1所示。

PPP/PFI 风险分类　　　　　　　　　　　　　　　　　表 3-1

风险层面	风险因素类别	风险因素说明
宏观风险	政治政策风险	政局不稳定、资产征用及国有化、政治决策不当、强烈的政治反对/敌对等
	宏观经济风险	金融市场的低效率、通货膨胀、利率变化、重大经济事件发生等
	法律风险	法律变化、税收政策的变化、行业规则的变化等
	社会风险	不具备私人部门提供公共服务的传统、公众对项目的反对等
	自然风险	不可抗力、地质条件、气候、环境等
中观风险	项目选择风险	土地获取、项目需求水平等
	项目融资风险	融资困难、项目对投资者的吸引力不足、融资成本过高等
	剩余风险	剩余风险
	设计风险	项目审批许可延时、设计不足、工程技术不符合要求等
	建设风险	建设成本超支、工期延迟、材料/人工不足、较晚的设计变更、质量工艺低下、过多的合同变更、分包商或供应商的破产或违约等
	运营风险	运营成本超支、运营收入低于预期、生产能力低下、维护成本过高、维护过于频繁等
微观风险	关系风险	组织和协调风险、PPP/PFI经验不足、风险和责任分配不合理、合作关系中权力分配不合理、伙伴间工作方法和技能的不同、双方缺乏奉献与承诺等
	第三方风险	第三方侵权责任、员工危机等

对于风险的定性定量评价方法，也有很多，包括定性评估方法和定量评估方法。

1. 定性评估方法

（1）故障树法与鱼骨图法（Fault-trees and Fishbones）这两种方法常用于分析施工与设计故障。故障树是从一个可能的事故开始，一层层自上而下的寻找事故的直接原因和间接原因事件，直到找到基本原因事件，并用逻辑图把这些事件之间的逻辑关系表达出来。鱼骨图又名因果图或石川馨图，先通过头脑风暴法找出可能引起事故的基本因素，并将它们与特性值一起，按相互关联性进行整理，并标出重要因素。

（2）德尔菲法（Delphi method）是收集专家们对风险的意见和看法的有效方法，一般可以分为提问表和专家会议法两种形式。

（3）失效模式和影响分析（Failure mode and effect analysis，FMEA）是分析工程项目中所有可能产生的事故及其对项目造成的所有可能影响，并按每一个事故的严重程度，

---

[1]　Li B.，Akintoye A.，Edwards P. J.，et al. The allocation of risk in PPP/PFI construction projects in the UK [J]. International Journal of Project Management，2005，23（1）：25-35.

检测难易程度以及发生可能性予以分类的一种归纳分析方法。

（4）风险分类矩阵（Risk classification matrices）也是一种常用的定性分析方法，其主要内容就是将所有可能发生的事故按照发生几率大小和对项目的可能影响两个维度进行分类，再根据不同类别给出相应的处理办法。

2. 定量评估方法

（1）失效模式效应与危害性分析（Failure mode effect and criticality analysis，FMECA）是通过拓展 FMEA 方法来达到量化工程风险目的的一个尝试。FMECA 包括故障模式及影响分析（FMEA）和危害性分析（CA）。

（2）计划评审技术（Program evaluation and review technique，PERT）是一种关键路径网络方法，它假定所有项目活动的工期都会和预期有一定差别。它描绘出项目包含的各种活动的先后次序，标明每项活动的时间或相关的成本。项目管理者必须考虑要做哪些工作，确定时间之间的依赖关系，辨认出潜在的可能出问题的环节，借助 PERT 还可以方便地比较不同行动方案在进度和成本方面的效果。

（3）蒙特卡洛分析（Monte Carlo analysis）是目前在很多领域已经得到广泛应用的风险分析手段。这种方法以概率统计理论为主要理论基础，以随机抽样为主要手段，对可能发生的风险规律进行模拟。

（4）敏感性分析（Sensitivity analysis）敏感性分析法是指从众多不确定性因素中找出对投资项目经济效益指标有重要影响的敏感性因素，并分析、测算其对项目经济效益指标的影响程度和敏感性程度，进而判断项目承受风险能力的一种不确定性分析方法。

虽然理论上定量分析显得更准确，但由于各类参数难以确定，实践中，大都采用定性分析法。除了上述定性风险评估法外，有机构❶还详细描述了"风险热地图"（a Risk "heat map"）方法。

风险热地图，是一种用图形技术表示风险信息的操作风险管理工具，可以直观地展现风险的发展趋势，方便风险管理者考虑作出风险控制措施的决策。借助于风险管理信息系统的支持，风险地图广泛地应用于风险监控和风险报告中。风险热地图（图3-2）的横坐标表示风险发生的频率，纵坐标表示风险发生的强度，图中的点来自于不同的业务线，代表不同的风险种类。可以将这个图分成四个象限，其中右上方的预期损失是"高频率、高强度"，风险状况非常严重，应引起管理层的高度重

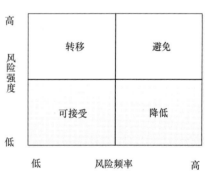

图 3-2　风险热地图

视，并力争避免；对于"低频率、高强度"的风险情况，应保持警惕，注意进行风险转移；对于"高频率、低强度"的风险事件，应进行积极管理，以降低风险的发生；至于"低频率、低强度"的风险，作为日常管理的部分，常被列入成本控制的范围。

风险清单完成后，如何在各方之间分担风险，是近年来学术界和实业界特别关心的热

❶　Australia，Victoria Managed Insurance Authority（2010），Risk Management：Developing and Implementing a Risk Management Framework，Melbourne.

点问题。柯永健等采用德尔菲法，针对 37 个不同层面的风险因素，向中国工程领域的学者与实业界资深人士调查了中国 PPP 项目的风险分担偏好及其背后的原因。专家观点认为，中国 PPP 项目中，公共部门应独自承担"资产征用及国有化"风险，12 个与公共部门及其行为相关的风险因素也主要由公共部门承担。公共部门和私人部门任何一方都无法单独处理的 14 个风险因素应由双方共同承担。另有 10 个项目层面的风险主要应由私人部门承担。通过对比从业人员的风险分配倾向以及实际的风险分配，得到了以下风险分配结果❶，如表 3-2 所示。

中国 PPP 项目的风险分担矩阵 表 3-2

序号	风险因素	专家倾向分配	实际项目分配	是否存在明显差异
1	腐败	公共部门	公共部门	
2	政府干预	公共部门	公共部门	
3	资产征用及国有化	公共部门	公共部门	
4	政府信用	公共部门	公共部门	
5	第三方信用	共同分担	共同分担	
6	公众/政治反对	共同分担	公共部门	√
7	法律体系不完善	公共部门	共同分担	
8	法律变更	公共部门	共同分担	
9	利率变化	共同分担	私人部门	
10	外币兑换	共同分担	私人部门	√
11	通货膨胀	共同分担	共同分担	
12	政治决策失误/冗长	公共部门	公共部门	
13	土地获取	公共部门	公共部门	
14	审批、许可	公共部门	公共部门	
15	不恰当的合同	共同分担	共同分担	
16	融资风险	私人部门	私人部门	
17	施工/运营变更	私人部门	共同分担	
18	竣工风险	私人部门	私人部门	
19	供应延误	私人部门	私人部门	
20	技术风险	私人部门	私人部门	
21	地质/气候条件	共同分担	共同分担	
22	运营费用超支	私人部门	私人部门	
23	市场竞争（项目唯一性）	公共部门	公共部门	
24	市场需求变化	共同分担	共同分担	
25	关税变更	共同分担	共同分担	
26	收费变更	共同分担	共同分担	

---

❶ Yongjian Ke，ShouQing Wang，Albert P. C. Chan. Equitable risks allocation of projects inside China：analyses from Delphi survey studies"，Chinese Management Studies，2011，5（3）：298-310

序号	风险因素	专家倾向分配	实际项目分配	是否存在明显差异
27	配套设施的提供	公共部门	共同分担	√
28	资产残值风险	私人部门	私人部门	
29	非竞争性投标	公共部门	公共部门	
30	联营体合作失误	私人部门	私人部门	
31	不可抗力	共同分担	共同分担	
32	组织协调风险	私人部门	共同分担	√
33	税收制度变更	公共部门	共同分担	√
34	环保风险	共同分担	共同分担	
35	私人投资者变化	私人部门	私人部门	
36	主观评价风险	共同分担	共同分担	
37	财务审计不充分	共同分担	共同分担	

表 3-2 中，公众反对风险、外币兑换风险、配套设施的提供风险、组织协调风险及税收制度变更风险的分配倾向与实际分配之间存在显著差异。经过对专家的访谈，确定税收制度变更的风险应由双方共同分担，由此构成了中国 PPP 项目的风险分担矩阵。

针对风险分担，经合组织提醒，政府方面一定不要误解，以为将风险分配给私人投资者越多越好，而是应该将那些私人部门比政府更容易控制的风险转移给私人部门，发挥私人部门的专长，根据每个国家的情况，将政府本来擅长控制的风险转移给私人部门，不是良好的做法，最终会事与愿违。

另外，各方都想将风险转移给其他方，但由于实际条件的限制，不管从哪一方而言，完全转移风险是不可能的。从政府角度而言，由于私人投资者对 PPP 项目的最终责任仅仅限于其在项目公司的股权，因此，若项目损失超过他们的股本金，他们可以宣布破产，最终"兜底"的还是政府。从私人部门而言，由于国家的主权问题，大多数国家都规定政府有征收私人资产或单方面宣布撤销合同的权力，因此，PPP 项目对私人部门来说，政治风险是无法彻底回避的，但可以尽可能地利用保险转移这一风险[1]。

风险分担的最终结果是风险责任矩阵，列出各方应承担的风险，作为起草合同的基础。表 3-3 列出了南非政府提供的风险矩阵供大家参考。

南非政府提供的风险责任矩阵　　　　　　　　　　　　　　　　表 3-3

序号	风险类别	风险描述	缓解措施	风险分配
1	服务可用性风险	私人部门提供的服务不符合产出标准	清晰的产出标准说明；绩效监控；从支付款项中扣除罚金	私人部门

---

[1] 国际机构，比如多边投资担保机构（Multilateral Investment Guarantee Agency，MIGA）为私人投资者提供政治风险保险。

序号	风险类别	风险描述	缓解措施	风险分配
2	完工风险	项目工程的竣工：（1）延迟导致项目不能按期开始提供服务；（2）延迟，除非花费巨大的成本才能保证按计划日期开始提供服务；（3）由于变更导致延迟	特殊保险（项目延误保险）；指定独立机构对项目竣工进行认证；违约赔偿金、工程担保及其他保证私人部门实现竣工的恰当方式（由公共部门导致的竣工延迟除外）；补救措施	私人部门，由公共机构导致的竣工延迟（包括公共部门发起的变更）除外
3	成本超支风险	在设计和建设阶段，项目实际成本超过项目的计划成本	单价工程合同；应急条款；备用贷款/追加股权投资，在财务模型中提前考虑这些额外投资	私人部门
4	设计风险	私人部门的设计达不到项目产出标准	清晰的产出标准说明；设计保证；显然的和潜在的缺陷责任；与公共机构协商并接受公共机构审查（但公共机构不能因审查结果而加入技术规范）；委派独立的专家快速解决争议	私人部门
5	环境风险	对于由以下原因导致的环境破坏所造成的损失负有责任：（1）项目实施期间施工或运营行为（参照运营风险）；（2）移交前的由公共部门或第三导致的，不由私人部门或分包商负责的行为	投标人对项目现场环境进行详尽的尽职调查；公共部门委托独立第三方对项目现场进行调查并承担费用；公共部门在特定时期对于移交前的潜在环境污染进行不超过一定限额（保证"物有所值"实现）的赔偿；已识别出的移交前环境污染进行补救，作为一项项目的交付成果；对补救措施进行独立监管	原因（1）引发的环境风险由私人部门承担；原因（2）引发的由公共部门承担，但公共的责任以实现"物有所值"为限
6	汇率风险	汇率变化影响项目建设和运营阶段进口原材料的成本	套期保值工具（如货币互换）	私人部门
7	不可抗力风险	某些不可预见事件（自然或人为的）的发生超出了各方的控制，影响到项目的建设和运营	狭义地定义"不可抗力"，以将那些通过其他机制（如补救措施）可以投保或得到妥善处理的风险排除在外；补救措施；由于不可抗力导致的终止	如果风险是可保的，则应排除在不可抗力之外，并分配给私人部门；如果风险不可保，则公共部门在终止时支付有限的赔偿，风险由双方共担

序号	风险类别	风险描述	缓解措施	风险分配
8	通货膨胀风险	实际通胀率超过了预期，这类风险在运营阶段表现得更为明显	对支付款项或使用者收费做出与物价指数挂钩的调整	公共部门以协议的物价指数为限承担通胀风险，超过协议限度的风险由私人部门承担
9	无偿还能力风险	私人部门无力偿还贷款的风险	SPV结构隔离项目现金流；用必要的项目资产作为抵押；对私人部门的债务或出资加以限制；要求私人部门对财务信息或任何与债权人的诉讼或争端进行披露；公共部门有权终止PPP协议；如果在流动性市场的情形下，重新投标后用新的私人部门替换原来的私人部门	私人部门
10	保险风险	（1）依照协议中的项目保险条款在合同签署日期可保的风险后来转变为不可保风险；（2）保险费率发生实质性变化	在（1）情况下，公共部门可选择风险自保；或者如果不可保风险事故发生后，如同不可抗力，公共部门可向私人部门赔偿后PPP项目协议终止；保留金	在（1）情况下，若私人部门导致不可保风险发生或者即便不是，但私人部门无法证明如果没有相关保险类似的业务会停止运营，则由私人部门承担；否则，风险应由私人部门和公共部门共同承担；在（2）情况下，由私人部门承担（除非由公共部门的变更导致）
11	利率风险	影响资金的可得性和使用成本	套期保值工具（如利率互换）；固定利率贷款	私人部门
12	潜在缺陷风险	项目资产中设施的潜在缺陷导致的损失或损坏（参照环境风险中，移交前潜在环境污染的处理）	项目设施的设计和施工尽可能由私人部门执行或采购完成；然而如果项目包括私人部门对已有设施的接管，投标人必须对这些设施进行详尽的尽职调查来发现潜在缺陷，修复这些已发现缺陷的程序和费用可提前与私人部门商谈。对于已发现的缺陷，私人部门有义务尽快报告	如果私人部门（或任意分包商）负责项目设施的设计和施工，则由私人部门承担（否则由公共部门），但必须是在没有相应保险或投保不充分，或公共部门的责任受限的情况下（考虑VFM）
13	维护风险	（1）项目资产维护所需的费用可能超过计划的维护费用；（2）没有进行维护	清晰的项目产出说明；惩罚机制与绩效监控；合理的O&M合同；替代权利；以最终保修协议形式提供特殊保险和特殊保证	私人部门

序号	风险类别	风险描述	缓解措施	风险分配
14	市场、需求或体量风险	市场对项目所提供的服务的需求低于预期（由于对该项服务的需求殆尽或减少，竞争者进入相关市场或由于消费者对于服务外包的反对）	在单价合同中，单价须以可用性为基础（而不是以公共部门的惯例为基础）	在以单价支付的合同中由公共部门承担；以使用者付费来支付的项目中，由私人部门承担
15	运营风险	任何除不可抗力以外的影响项目运营的风险因素（包括项目运营成本和技术要求），如劳资纠纷、员工能力、员工舞弊、技术失误、与环境有关的事端，以及未取得或未贯彻运营意见的问题	清晰的项目产出说明；惩罚机制与绩效监控；合理的O&M合同；替代权利；最终保修协议中的特殊保险和保证	私人部门
16	计划风险	PPP协议中对于项目场地的使用计划，尤其是项目场地上设施的建造，没有遵守现行的规划、土地使用或建设法规（例如城乡规划法规或土地区划方案）或政府的意见；政府意见延迟、难以实现，抑或只有比计划付出巨额的额外成本才能保证该意见的满足	公共部门必须在可行性研究阶段确定政府对于宏观层面的项目计划的意见（如土地使用和区划方案），不需要详细的项目设计和施工计划。这些意见必须在项目进入招投标阶段前获得。私人部门必须确定所有的与项目设计和建造相关的项目意见，必须在工程中制定恰当的计划保证这些意见的满足；如果意见的获得不是由于私人部门的原因造成延误，采取补贴措施	对于土地使用和区划意见，由公共部门承担，除非项目场地的选择属于私人部门的责任；对于任何项目建设的意见或设计、建造的特定意见，由私人部门承担
17	政治风险	（1）公共部门或其他政府部门不可预见的行为对预期股权回报、债务偿还或其他增加私人部门成本的事项产生了实质性的不利影响；（2）私人部门资产的征用、国有化、私有化（统称"资产征用"），此项风险与一些融资风险有重叠（如税率变化风险）	限制不可预见的风险行为以及资产征用行为，因为PPP协议中没有其他的补救措施。区别一般的和差别对待的不可预见行为。对于差别对待的不可预见行为，给予特殊赔偿；对于"资产征用"，合同终止并给予赔偿	对于差别对待的不可预见行为和资产征用，由公共部门承担；对于一般的不可预见行为，私人部门承担

序号	风险类别	风险描述	缓解措施	风险分配
18	监管风险	其他政府部门的意见没有得到贯彻或者为贯彻该意见必须付出和原计划相比计划巨额的超额成本（例如环境方面政府意见的处理和计划，参照计划风险与环境风险）	在项目的可研阶段，公共部门必须进行仔细审查相关的法律法规，在项目进入采购阶段之前就与相关的政府部门进行内部联络。私人部门应进行尽职调查，确定与运营要求相关的法律法规。如果项目在现行法律下得到许可，在合同签署日期前获得所有的政府意见	如果这些意见（关于运营要求的除外）可在合同签署日期前获得，并且可以移交给私人部门，则由公共部门承担；关于运营要求的意见，由私人部门承担
19	残值风险	项目资产在项目协议终止或期满时没达到移交给公共部门的条件	私人部门有义务进行维护和维修；项目期末对资产进行审计；私人部门对公共部门提供保证，如最终保修协议或在单价中扣除；私人部门有义务进行复原	私人部门
20	资源或投入风险	项目投入和资源供应的匮乏或不足（如项目运营所需的煤炭或其他燃料），包括现存备品的质量缺陷	签订项目所需资源的供应合同，如提货付款合同形式；在非私人部门导致的供应短缺情况下给予补偿	私人部门承担，除非该项资源由公共部门提供
21	分包商风险	各级分包商的违约或破产。这类风险可能出现在项目的施工和运营阶段	分包商必须具备专业技能、经验，并对履行义务负有合同责任。替代的分包商要提前经过公共部门的批准。公共部门的尽职调查必须包括对第一级分包商的审查，以保证风险传递到第一级分包商的身上	私人部门
22	税率变化风险	适用税率的变化（所得税）或降低股权投资回报的新税项	如果变化是由于政府不可预见的差别对待行为产生，则给予私人部门特殊补偿	对于税率增加或者不可预见的差别对待的新税项，由公共部门承担；否则由私人部门承担
23	技术风险	（1）外包出去的技术投入不符合项目的产出标准；（2）技术进步使得项目的技术投入过时（"技术更新或过时风险"）	私人部门有义务时常更新技术，以便满足项目的产出标准；不满足项目产出的标准时扣除罚金	私人部门

序号	风险类别	风险描述	缓解措施	风险分配
24	配套设施风险	（1）项目施工和运营所需配套设施（如水、电、气）的缺乏或不满足要求；（2）由于项目现场设施的移动导致的工期延误	应急备用设施，如发电机；应急供应合同；特殊保险（项目延误或其他营业中断险）；公共部门提供现场外的供应设施。在（1）情况下，对设施供应问题引起的营业中断给予补偿（由私人部门引起的除外）。在（2）情况下，对设施移位造成的项目延误给予补偿（由私人部门引起的除外）	由私人部门承担，除非公共部门负责该设施的提供。在（1）情况下，即便公共部门不是设施的提供者，公共部门在风险不可保或保险不充分的情况下也应分担部分风险，但必须保证只有这样才能更好地实现"物有所值"

风险矩阵出来后，并不意味着会自然纳入合同中，很多PPP合同的起草者在起草合同的同时关心的是"哪一方做什么事"以及"款项的支付流程"问题，一般根据哪方最有能力承担与设计、建造、融资、运营和维护等功能相随的风险，并考虑规制和政治约束来分配各功能的责任方。另外，支付机制也是合同的一个关键内容，其可能来自于功能和风险的划分，比如，如果私人部门更有能力承担费用收取风险和需求风险，那么，私人部门的收入将直接来自用户收费；然而，当私人部门有能力管理费用收取风险而不被要求承担需求风险时，支付结构便会不同，私人部门负责收费并汇给公共机构，而公共机构则基于资产可得性支付私人部门，并有一定的奖金激励。

应当注意，风险分配矩阵一般与其他项目责任的划分有密切的关联，因此，风险分配划分需考虑与其他工作责任的一致性。有学者认为[1]，PPP项目的责任、权利和风险应该同时进行分配，依据的原则是：风险分配给最有能力管理的一方，同时这一方也被赋予管理这一风险的权利和责任。

3.4　PPP合同设计

【指南内容要点】

● PPP合同是公私伙伴关系的中心，其规定各方的权利、责任、承担的风险，并提供处理变更的机制；本指南所指PPP合同是治理PPP项目公私伙伴关系的合同文件，实践中，PPP合同可能由不止一份文件构成，比如，一个包括设计、建造、融资、运营和维护的PPP电站项目，为政府所有的输电公司供电，其PPP合同可能包括一份输电公司和PPP公司之间的购电协议（Power Purchase Agreement，APP），以及一份政府部门和PPP公司之间的实施协议（Implementation Agreement）。PPP合同之外，参与PPP项目的私人部门之间也会有很多合同，其中主要包括PPP公司和EPC承包商间的合同、项目

---

[1]　IrwinI，Timoth C（2007）. Government Guarantees：Allocating and Valuing Risk in Privately Financed Infrastructure Projects，World Bank，Washing，D. C.

公司和债务资金提供者间的融资协议以及股权资金提供者之间的股权协议，往往只有在这些合同完成之后，PPP 合同才会生效。

● 由于详细 PPP 合同设计需要耗费大量时间和资源，还需要聘用相关专家才能实现，所以，在发出招标建议书（Request for Proposal，RFP）前，一般只给出 PPP 合同草案，作为招标文件的一部分；在投入资源进行详细合同设计之前，应获得相关行政批复。

● 虽然随招标文件颁发的是 PPP 合同草案，有些情况下，一旦颁发，PPP 合同可能无法再更改；有些情况下，在招标与投标过程中双方通过互动，则可以通过协商对 PPP 合同草案进行修改。

● PPP 合同设计的目的是以清晰全面的表达手段为合同双方提供一个交易的确定性，但同时，由于 PPP 项目的长期性、复杂性和高风险，所以 PPP 合同又是不完全合同，不能将未来工作所处于的全部的"自然状态"都表述出来；因此，PPP 合同的设计必须在其合同本身嵌入一定的灵活性，来处理未来的变更情况，而不是发生变更时再重新谈判或直接终止合同。

● 因此，一个好的 PPP 合同能够最大限度地提供确定性，同时保持一定的灵活性，在二者之间取得平衡，这就需要一个清晰的过程管理以及变更边界；实践中这类合同的实施需要强有力的合同管理机构，以及设计和审查 PPP 合同的合同经理。

● 一定典型的 PPP 合同的内容包括：履约要求、支付机制、调整机制、争议解决程序、合同终止条款等方面，这些内容规定了风险在各方的分担，而调整机制和争端解决的规定主要目的是允许变更，并在形成的合同框架下解决问题，从而避免重新谈判。

3.4.1 履约要求

● 履约要求指的是，在合同中明确规定要求私人部门提供的资产和服务的数量与质量，对私人部门的产出而不是投入（比如设计和所用的材料）进行规定能够促进私人部门的创新，也有助于尽可能地保持竞争。PPP 履约要求应该在 PPP 合同中列出，主要包括：（1）清晰的绩效目标或产出要求；（2）绩效监控程序；（3）未达到履约目标的后果；（4）公共部门一方在什么情况下可以介入和接管项目实施。

3.4.2 支付机制

● 支付机制，即私人一方获得报酬的方法，基于业绩和风险因素的支付调整在 PPP 合同中是风险分配和产生激励的重要方法；PPP 支付机制通常的规定包括[1]：（1）直接向项目提供服务的用户收取费用。（2）政府支付，具体又分为三种情况：一种是根据产品或服务的使用情况由政府支付，如影子收费或基于产出的补贴；二是当私人部门使项目服务或资产按合同规定的标准达到可供应性条件时，由政府支付；三是基于某一里程碑实现的提前支付。（3）奖励或罚款。以下是关于支付机制需要考虑的关键点。

● 用户收费支付机制下，收费设置及调整方法成为一种重要的风险分担机制。在一

---

[1] Lossa，Elisabetta，Giancarlo Spagnolo & Mercedes Vellez（2007）．Best practices on Contract Design in PPPs：Checklist，World Bank，Washington，D. C.

些 PPP 下，私人部门可自主决定收费标准及收费结构，然而，在很多情况下，当用户收费 PPP 项目所处部门具有垄断特征时，收费标准往往由政府调整以保护用户，其中关键的风险分配问题是，允许收费如何调整，比如是随通货膨胀一起调整呢，还是随其他经济变量或不同类型成本的变化一起调整？这可以通过在 PPP 合同里加入收费公式或一些规定来加以控制，比如收费公式包括最初收费标准以及允许收费定期、自动随通货膨胀进行调整的部分。

● 政府付费机制下，不同的政府支付机制意味着不同的风险分配，比如，根据产品或服务的使用情况由政府支付的机制下，需求风险或由私人部门承担，或者由公私双方分担，而基于私人部门使项目服务或资产按合同规定的标准达到可供应性条件的政府支付，则意味着政府承担需求下降的风险，如果政府提供前期资本补贴，则私人部门比基于资产或服务可供应条件的支付承担了较少的风险。实践中，将支付与明确规定的产出和业绩标准联系起来对风险分配的实现非常关键；另外，对于用户收费规定，支付可全部或部分与某一风险因素挂钩，此时政府承担全部或与私人部门分担这一风险。

3.4.3 调整机制

● 由于 PPP 项目具有长期性、风险性和复杂性的特点，公私双方不可能对未来的不确定性做出完整描述，因此 PPP 合同是不完全合同，这就需要在合同中植入灵活性，以尽可能在合同范围内解决变化的情况，而不至于因变化解决不善而带来再谈判或项目终止。调整机制通常的规定包括：（1）"财务均衡"（Financial Equilibrium）条款，这一条款使运营者可以调整合同中的关键财务条件，以弥补某种类型的外来事件对其回报的影响；（2）服务要求的变化；（3）政府支付或用户收费规则的变化；（4）市场测试和基准运营成本；（5）再融资下的收益分配。

3.4.4 争议解决机制

● 争议解决机制的设置有助于快速、高效地解决争端，减少服务中断的风险。争议解决机制可直接植入合同，一些政府也通过 PPP 立法对争端解决机制进行规定，适应于所有 PPP 合同。争端解决机制通常包括❶：调解、具有独立性质的规制部门裁定、法院裁决、专家组裁定、国际仲裁。

3.4.5 终止条款

● 终止条款通常的规定包括：一是按照原定的特许权期终止，并界定移交资产的条件与合同关闭的安排；二是在什么情况下可以提前终止合同的规定，以及此类终止下如何支付，具体包括：私人部门违约下的提前终止、公共部门违约下的提前终止、为了公众利益之目的的提前终止。

● PPP 合同会对合约期限（Contract Term）和项目资产移交的安排进行规定，通常

---

❶ Kerf, Michael, R. David Gray, Timoth C. Irwin, Celine Levesque, Robert R. Taylor & Michael Klein (1998) . Concessions for Infrastructure: A Guide to Their Design and Award, World Bank Technical Paper, March, Washington, D. C.

的做法是政府选定合约期限，写进合同草案，作为私人部门在合理收费或政府支付下获取必要回报所需要时间的最好估计；选定合约期限的第二种方法是，规定收费或年支付水平，合约期限作为一个关键评标变量，由投标者竞争来决定，提供最短合约期限者中标；第三种方法是，合约期限基于投标者提供的最少收入现值（the least present value of revenue，LPVR）决定，LPVR 实现，则合约到期，比如，交通流量越大，达到 LPVR 越早，特许期结束越早。

● PPP 合同应该列出合同提前终止的条件以及什么情况下项目资产的所有权应回归政府，其规定主要包括谁可以在什么原因下提前终止合同，如果有赔偿支付的话，应该如何支付。合同提前终止有三种广泛可能的原因：一是私人部门违约，二是由于政府部门违约或是基于公共利益的政府提前终止合同，三是诸如不可抗力等的外部原因，每一种情况下，政府都需要支付私人部门，得到项目资产的控制权，合同规定的终止支付取决于合同终止的原因，如表 3-4 所示。

提前终止和终止时的支付问题 表 3-4

终止类别	典型原因	终止时的支付界定
私人部门违约下的提前终止	• 没有完成项目施工 • 始终没有达到绩效标准 • 项目公司破产 贷款方（lenders）通常被给予介入权（step—in rights）来解决承包商的违约所导致的问题——只有当这种做法没有取得效果或贷款方拒绝介入时才会发生提前终止	界定终止时的支付问题来保证项目股东能够承受私人部门违约带来的后果。贷款方可能也受到一些损失，这会激励他们对问题进行改进，尽管这可能影响项目的银行可融资性。支付选项包括： • 全部或规定部分的未偿还债务 • 折旧后的资产账面价值 • 项目未来现金流的净现值（减去终止成本） • 公开市场上对特许经营项目重新招标的收入（proceeds）——这也解决了为终止时的支付义务寻找预算空间的问题
公共部门违约下的提前终止	公共部门没有按照合同履行义务	一份公正的合同应该能够保证公共部门违约时不会使私人部门亏损。基于此，终止时的支付额度应为债务加上部分股本（可能还包括未来收益的损失）
为了公众利益的提前终止	许多 PPP 法或政府采购法允许签约方为了公众利益提前终止项目	一般和公共部门违约下的提前终止一样，否则将会产生自愿终止的反向激励（反之亦然）
不可抗力对项目的持续损坏导致的提前终止	应在合同中清晰界定，仅限于阻碍义务履行的，不可保并产生持续影响的不可抗力	应介于私人部门违约和公共部门违约之间，因为任何一方都没有违约

【内容解读】

PPP合同有狭义和广义之分，狭义合同通常指的是政府与私人部门签订的特许权合同（concession contract/agreement），有时也称为项目协议（project agreement）。广义的PPP合同指的是一个PPP项目涉及的全部合同构成的网络体系，除了特许权合同，还包括各类融资合同、股东协议、承购合同、EPC合同、原材料供应合同、运营合同等。此处的PPP合同应该是狭义的，主要指的是私人部门与政府签订的特许权合同。

关于合同设计的原理，其目标是能够实现效率和公平两个指标，因此，合同作为一种治理机制，其中的各项规定，必须能够实现各方的激励兼容（Incentive-Compatible），即：政府与私人部门各能发挥其长，并在合同中加以规定。下面我们针对PPP合同规定的五个方面展开详细的讨论。

（1）履约要求（Performance Requirements）

"履约要求"是PPP合同中最重要的一部分，其功能是要清晰地规定出政府对私人部门提供的项目资产数量、质量、相关服务的标准，如对道路项目来说，需要规定道路的维护标准；对于供水项目来说，需要规定清楚服务质量标准。但对于具体的指标，一般通过PPP合同附件的形式来详细表述。

对于如何恰当地规定"履约要求"，现有经验认为，应尽可能地关注项目竣工后应达到的标准，即：其项目投入使用后的"产出（Output）"标准，而不是项目实施过程中应该怎样做，即：应该有什么样的项目"输入（Input）"。例如，对于道路而言，应规定竣工后"路面质量"标准；而不是规定"路面使用的材料和设计"。

这一做法来自两个方面的原因：一是如此规定有助于私营部门设计和实施项目方面的创新，从而能够提高效率；二是能避免责任交互不清。从分工角度而言，在技术层面，私人部门显然比政府部门水平更高，这也是政府采用PPP的原因之一，若对过程层面的微观技术规定太细，就会带来两个方面的问题，一是政府前期投入的工作太多，二是限制私人部门采用更好的技术方案，从而降低效率。就责任划分层面而言，若政府在合同中规定私人部门必须按政府的方案，则由此方案带来的问题，无论是费用方面、工期方面，还是质量方面，私人部门都可能将责任归咎于政府部门❶。对于"基于可供应性"的PPP合同（Availability-based PPP contract），以及私人部门负责全生命周期的运营的项目，更适合规定最终的"产出"而不是"生产过程"，这是因为，若工程质量不好，相关运营中的非经常性维修成本应该由私人部门承担，这样私人部门就不会偷工减料，降低标准，导致低质量的工程。另外，若PPP合同对项目实施过程规定太严格，这可能导致私营部门不会积极地参与投标此类项目。

但是，由于工程的复杂性和项目生命周期的长期性，若私人部门负责运营的周期较短，私人部门为了降低成本，则可能在项目设计选择方案时，不一定选择最有利于全生命周期的方案，而是选择建设成本与其负责运营期所需的最佳方案，而项目移交政府后，其

---

❶　我国奥运会项目鸟巢工程，按照原来的设计，是有顶盖的，但在实施过程中，由于政府考虑的安全的可靠性，要求取消顶盖设计，这样项目公司原来设想的全天候可以运用的功能不能在运营期实现，结果后来导致项目公司要求政府对此类设计更改给予补偿。

随后的维护成本可能会很高，尤其当移交标准不清的情况，更会如此❶。因此，在具体 PPP 合同设计时，还需要考虑项目的特征以及其他合同要求，将合同作为一个整体来看待，从而使合同在规定时强调"产出"还是强调"输入"方面取得平衡（Strike a Balance）。

另外，由于基础设施项目关乎公众利益，若项目急需竣工，但私人部门在建设期间严重拖延，或项目运营期间出现重大事故，导致环境、健康或安全问题，公共部门一般会临时性介入（Step-in）项目，而私人部门则需要配合，而不管这些问题是否归因于私人部门，因为普遍认为，公共部门在这些条件下能够更高效地处理此类问题，从而使得公众利益得到保障。而政府什么情况下可以介入项目必须在 PPP 合同中做出明确规定。

（2）支付机制与调整机制（Payment Mechanism；Adjustment Mechanisms）

最常见的支付机制是私人部门从用户收取服务费用。这类项目主要是那些经营性项目或准经营性项目，如道路、管线、水厂等，此类项目由于提供的服务或产品有市场需求，因而可以向用户直接收费，如收取过路费、管输费、水费等；对于发电厂，则项目公司一般需要与电网公司签订电力购买协议（Power Purchase Agreement），将电能卖给官网公司获得支付；对于一些体育设施、文化场馆，由于这些设施具有公益性质，一般无法直接向用户收费，或收费（门票）太低，则需要政府根据"基于可提供性支付"的方式予以支付，或政府允许项目公司从相关土地等资产或辅助设施的经营中获得费用补偿。

对于此类支付机制，关键的因素是收费标准的确定。由于这些服务和产品涉及公众利益，加上这些设施或服务一般具有一定的垄断性，因此，从政府的角度来说，需要对特许经营人的收费进行限制，不能允许让此类投资人获得垄断利润，从而保护用户的利益，一般通过特许协议规定详细的最高收费标准。

从私人投资人角度来看，其投资回报主要受收费标准与市场需求量的影响，因此，若服务或产品具有垄断性质，市场有刚性需求，则其投资收益就会有保障，否则，就应考虑其他收入来源。

另外，与支付机制密切相关的，还有 PPP 合同的调整机制（Adjustment Mechanisms）。调整机制的方法很多，包括："财务均衡"、服务要求变更、收费或支付公式变更、市场测试与运营成本标杆化等，其中 PPP 合同中的财务均衡条款使运营者可以调整合同中的关键财务条件，以弥补某种类型的外来事件对其回报的影响。PPP 合同通常规定影响财务平衡的三种不可预料的原因：不可抗力、政府行为、不可预料的经济条件变化；当这些原因发生后，合同便基于公私双方达成一致的财务模型来进行调整。

对于调整机制中关于服务要求的变化，公私合同双方很难在合同期内准确预测，应该在 PPP 合同中植入处理服务要求变化的办法，香港 PPP 指南描述了如何处理这种变化❷。

而对于政府支付或用户收费规则的变化，由于政府支付和用户收费常通过公式来规定，PPP 合同应该植入审查支付公式的机制。

PPP 调整机制中还有关于市场测试和基准运营成本的调整规定，诸如学校、医院等提供长期资产的 PPP 合同要求定期进行"市场测试"或找到某些从属服务的基准成本，

---

❶ 我国深圳沙头角电站 BOT 项目，由于运营期只有 15 年，在项目经营期届满移交给政府部门后就出现此问题。

❷ Hong Kong Efficiency Unit（2008），An Introductory Guide to Public Private Partnerships，Hong Kong，China.

这样做的目的是使软服务（Soft Service）的价格与市场条件保持一致，另外，也因为软服务提供者通常不愿意在长期内提供一个与通货膨胀一致的价格，因为其实际成本可能与通胀指数并不一致。

对于再融资下的收益分配，一般认为，随着项目的实施，PPP 项目的风险状况和资本市场变化意味着 PPP 项目公司可能以更好地条件替换其原有的债务融资，或对原债务融资进行再谈判，从而产生再融资收益。许多 PPP 合同对 PPP 项目再融资的收益分配进行了规定，2004 年，英国财政部发布的 PFI 标准合同中规定，任何再融资收益都以 50：50 在投资者和政府之间进行分配。

下面是一些特许经营协议中的价格支付和调整机制的样例。

样例 1：从用户直接收费机制（某供热特许经营协议）

8.1 供热价格制定

供热采暖按照当地政府物价主管部门批准的价格向其服务范围内的用户收取费用。乙方其他有偿服务价格标准须经当地政府物价主管部门另行批准。

8.2 价格调整程序

乙方因非乙方原因造成经营成本发生重大变动时，可提出城市管道燃气收费标准调整申请。甲方核实后应向有关部门提出调整意见。

样例 2：政府给予补贴（某垃圾发电特许经营协议）

第 28 条 垃圾处理政府补贴费标准

本项目垃圾处理政府补贴费标准为：每吨垃圾 70 元人民币，即乙方每处理 1 吨垃圾，甲方应向乙方支付 70 元的垃圾处理政府补贴费。

第 29 条 垃圾处理政府补贴费标准的调整

在本项目特许期内，若发生通货膨胀、垃圾量不足等客观因素变化，导致本项目成本上升，无法正常还本付息，致使第 28 条约定的处理政府补贴费标准无法保证项目正常运营及合理收益，则甲乙双方以维持项目正常运营为原则，通过友好协商另行商定调整办法。

第 30 条 垃圾处理政府补贴费支付方式

垃圾处理政府补贴费按月结算支付，乙方应在每月 15 日前向甲方提交上月垃圾处理量清单，甲方在收到乙方清单后 10 个工作日内将垃圾处理政府补贴费以人民币的方式支付到乙方指定的银行账户。若逾期未支付，则须自逾期的第二天开始计付滞纳金，滞纳金每日按逾期未付金额的万分之二点一计算，直至逾期未付款项付清为止。

样例 3：支付调整机制（某水厂 PPP 特许经营合同）

8.4.4 本项目实际工程投资以 AA 市审计局的审计结果为准。若实际工程投资额超过投资人投标文件中的工程投资额，污水处理价格不予调整。若实际工程投资额低于投资人投标文件中工程投资额的 90%，低于 90% 的部分按照"投资每减少 500 万，水价减少 1 分钱"的原则调减污水处理价格。

············

13.1 一般补偿

13.1.1 获得一般补偿的权利

在特许经营期间，如果由于：

a）除法律变更外的不可抗力事件，导致项目公司年经营成本或年资本性支出增加；或 b）法律变更，使项目公司为符合新的法律要求进行工况调整和设备改造，从而导致年经营成本增加超过 5% 或资本性支出超过人民币 200 万元；或 c）脱水后污泥的集中处置地点发生变化，导致运输距离超过 50 公里。但双方仍希望继续履行本协议的情况下，项目公司有权依据本协议及服务协议从市城乡建委、市排管办处获得一般补偿。

13.1.2 补偿形式

一般补偿可以采取以下三种形式：一次性补偿（即货币形式补偿）、调整污水处理价格和延长特许经营期。

13.1.3 以其他方式已补偿的损失

就项目公司因补偿事件而发生的损失、损害或责任（包括增加的运营成本或资本性支出），市城乡建委没有义务对项目公司已从下列途径另行获取补偿或抵销的损失部分提供补偿：

a）项目公司有权获得的保险赔款（包括认定保险赔款）；

b）项目公司已从其他途径（通过其股东投资或股东提供其它融资的除外）获得补偿；

c）市城乡建委按照本协议其他规定或以其他方式提供补偿；

d）在生效日后，中国立法机关或任何政府部门颁布、修改、废除或重新解释任何适用法律使项目公司的资本性支出或运营成本减少或以其它方式补偿了项目公司。

样例 4：再融资收益分配机制英国财政部标准化 PF2 合同（草案）

28.5.3 再融资收益分配

28.5.3.1 再融资收益应在公共部门和私人部门之间合理分配。然而只有当再融资发生，项目的预期绩效超过原有的融资关闭基本财务模型（financial close base case financial model）中的项目绩效时，私人部门才与公共部门进行再融资收益分配。

28.5.3.2 因此，原始的投资收益率（如权益内部收益率临界值）对于公共部门来说非常重要。公共部门进行尽职调查期间，必须使得该临界值超过再融资收益分配要求的阀值。在竞争不激烈时这一问题尤为重要，因为基本收益率可能过高或由于使用了过于保守的假设而被人为低估（例如从收益分配中免除了会计政策的变化）（for example in relation to accounting policies, changes to which are exempt from gain sharing）。

......

28.5.4 再融资收益的支付

28.5.4.1 公共部门的收益可以采取以下两种方式：

（a）再融资发生时的现金增加；

（b）综合单价的减少。

28.5.4.2 决定再融资分配比例时，公共部门必须考虑一次性或逐步加入该项收益时"物有所值"的实现。

28.5.4.3 通常情况下，再融资收益包括即时的（如释放库存、立即分销）或者长期的（如增加还款周期、降低利差）。这种情况下，现金增加和降低综合单价综合起来的方式才是恰当的。

28.5.4.4 公共部门可能通过增加项目范围的方式获得融资收益。这种情形下要通过

"物有所值"的检验和其他相关的采购程序。

28.5.4.5 公共部门通过降低综合单价的方式获得再融资收益时，不能因为单价的降低而影响项目绩效，但投资者未来股利分配的收益可能受到影响。

（3）争议解决机制（Dispute Resolution Mechanisms）

本指南中给出了几种争议解决的方法，调解（Mediation）、独立规制部门裁定（Independent Sector Regulator）、诉讼（Judicial System/Litigation）、专家组裁定（Panel of Experts as Arbitrators）、国际仲裁（International Arbitration），下面介绍一下各种争议解决方法的特点。

调解应该是优先考虑的解决争议的方式，这是因为其方便、快捷、友好、费用低，但缺点是其调解结果没有强制性，也很有可能花很长时间调解，却得不到任何结果；独立规制部门裁定，这种方式比较简单快捷，虽然规定其独立，但由于此类部门也属于政府部门，与政府其他部门有千丝万缕关系，很难做到实际的独立，因此，选择此类方式对私人部门有一定风险。诉讼的优点就是结果有强制的执行力，但此种方式问题很多，法官的专业性往往比较差，诉讼时间也会很长，另外，对于一些法制不健全的国家或地区，很难保证法院的判决不受到政治影响；专家组裁定也是一种比较好的方式，优点是专业、快捷、独立、公正，但专家组裁定的最终效力是否有强制力可能受到合同适用法律的影响，若法律没有强制性规定，则需要在合同中写清楚；国际仲裁是一种越来越受到青睐的最终解决争议的方式，因为除了具备专家组裁定的优点之外，它还比较正式，有权威性，裁决是终局的，具有法律上的约束力，但国际仲裁裁定的执行受到争议方所在国法律的影响，对于没有参加国际公约或双边公约的当事方国家，其裁决的执行可能会面临一定的问题。

另外，国际上对此类与政府签订的特许权协议/合同的性质也有不同观点，这也可能影响争议解决方式的选择。有的国家认定其属于行政合同，有的国家则认为其属于商事合同。

我国的相关法律包括：《政府采购法》、《行政许可法》以及相关部委规定。我国《政府采购法》规定，政府采购合同争议适用《合同法》（43条），而我国《合同法》（128条）规定：

"当事人可以通过和解或者调解解决合同争议。当事人不愿和解、调解或者和解、调解不成的，可以根据仲裁协议向仲裁机构申请仲裁。涉外合同的当事人可以根据仲裁协议向中国仲裁机构或者其他仲裁机构申请仲裁。当事人没有订立仲裁协议或者仲裁协议无效的，可以向人民法院起诉。当事人应当履行发生法律效力的判决、仲裁裁决、调解书；拒不履行的，对方可以请求人民法院执行。"

通过以上规定看出，特许经营协议（合同）具有明显的政府采购的特征，通常被认为是属于政府采购合同，若如此认定，则发生争议时，双方可以进行仲裁或诉讼。但我国2015年修订的《行政许可法》却规定，特许经营协议适用于《行政许可法》，这就意味着，若特许经营者与代表政府的项目实施机构发生争议，则按《行政许可法》处理，《行政许可法》（12条）规定：

"十二条（二）有限自然资源开发利用、公共资源配置以及直接关系公共利益的特定行业的市场准入等，需要赋予特定权利的事项；"

《行政许可法》（53条）又规定：

"实施本法第十二条第二项所列事项的行政许可的，行政机关应当通过招标、拍卖等公平竞争的方式作出决定。但是，法律、行政法规另有规定的，依照其规定。"

国家发展改革委、财政部、住房城乡建设部、交通运输部、水利部、人民银行 2015 年 4 月联合发布，并与 6 月 1 号开始实施的《基础设施和公用事业特许经营管理办法》"第六章 争议处理"对此类争议处理给出下列规定：

第 49 条：

"实施机构和特许经营者就特许经营协议履行发生争议，应当协商解决。协商达成一致的，应当签订补充协议并遵照执行。"

第 50 条：

"实施机构和特许经营者就特许经营协议中的专业技术问题发生争议的，可以共同聘请专家或第三方机构进行调解。调解达成一致的，应当签订补充协议并遵照执行。"

第 51 条：

"特许经营者认为行政机关作出的具体行政行为侵犯其合法权益的，有陈述、申辩的权利，并可以依法提起行政复议或者行政诉讼。"

第 52 条：

"特许经营协议存续期间发生争议，当事各方在争议解决过程中，应当继续履行特许经营协议义务，保证公共产品或公共服务的持续性和稳定性。"

从上面的规定来看，该办法对争议的解决并没有规定清楚，如果就 49 条、50 条规定的事项，双方协商、调解达不成一致意见，如何对争议进行终局解决？由于这一办法为部门规章，法律层次较低，似乎又回避了我国现行法律之间的不一致和模糊。

2014 年 12 月 30 日，财政部颁布《关于规范政府和社会资本合作合同管理工作的通知》（财金［2014］156 号），并随文件发布《PPP 项目合同指南（试行）》（以下简称"PPP 项目合同指南"）。PPP 项目合同指南中首次明确 PPP 项目合同兼具民事法律关系属性和行政法律关系属性，文件规定：（1）PPP 从行为性质上属于政府向社会资本采购公共服务的民事法律行为，构成民事主体之间的民事法律关系；（2）政府作为公共事务的管理者，在履行 PPP 项目的规划、管理、监督等行政职能时，与社会资本之间构成行政法律关系；（3）PPP 项目合同相关法律关系的确立和调整依据，包括民商法、行政法、经济法和社会法。这些表述显示出了 PPP 合同的复杂性特征。但该文件的后文中又进行了具体和明确的叙述：（1）政府基于 PPP 项目合同形成与项目公司之间的平等民事主体关系；（2）PPP 项目合同产生的合同争议，应属于平等的民事主体之间的争议，应适用民事诉讼程序，而非行政复议、行政诉讼程序。

此指南的表述虽然不完全统一，但总体结论仍倾向 PPP 合同的争议应适用民事诉讼程序，然而，此文仅仅是部委的一个指南性文件，对具体司法实践的影响还有待检验。

我国某些专业人士提出，由于 PPP 合同的复杂性，政府方授予项目公司 PPP 项目经营权（特许经营权）及对项目公司进行的部分监管及介入（临时接管等）行为，应归属于行政许可行为，适用行政法律体系，而政府部门与社会资本约定在实施 PPP 项目过程中，作为两个平等民事主体之间的权利义务，如建设、收费、运营维护、回购等，属于民商事法律行为，适用民商事法律体系，笔者也认同这一观点。

我国正在准备对特许经营进行立法，国家发展改革委等相关部门已经主持起草了一个征求意见稿，在该草案中明确规定，"特许经营者与实施机关就特许经营协议发生争议并难以协商达成一致的，可以依法提起民事诉讼或仲裁（第八章附则第四十四条【法律救济】）"。

虽然对这一规定的看法不一，但笔者认为，从国际经验来看，私人部门对争议解决机制极为敏感，对合同双方签约和履约影响还是很大的。若能在最终稿中确认这一规定，将有助于我国PPP制度的法制化，有助于提高私人对PPP实施法律环境的信心，吸引民间资本，从而促进其健康发展。

下面是一些国家对此类基础设施特许经营争议解决方法的规定。

智利的特许权法建立了PPP合同争端解决机制，其核心是独立专家小组的角色。每一个PPP合同都要建立一个专家调解小组，由三位专家构成，其中一位由政府选择，一位由私人部门选择，一位是由公私双方同意的第三方。当争端产生时，专家小组会提出争端解决的和解条款，需经过合同双方同意，如果双方不同意，私人部门可请求将调解小组变成仲裁小组，从而达成一个有约束力的决定，也可以诉诸法律。

在墨西哥，其关于兼并、租赁和服务的联邦法规定了PPP合同实施期间的争端解决办法，具体争端解决过程由专门组织负责，争议的利益相关方必须向这一组织提出争端解决支持，由该组织协助召开争端解决会议，由此达成的协议具有约束力，相关方必须提供一份反映履约进程的报告。

（4）终止条款（Termination Provisions）

PPP合同的终止分两类：一是按合同规定的期限届满自动终止；二是提前终止。对于合同届满终止，此类终止条款通常用的方法包括：（1）政府规定一个合同期限，由私人投标人给出收益期望和收费水平；（2）政府给出合理收益和收费标准，由私人投标人给出期望运营年限❶；（3）合同确定私人部门收入现值的期望值，一旦私人部门的收入到达此数值，合同即终止。对于此类期限届满终止，合同应规定：（1）一个完整的资产移交程序；（2）项目资产从私人部门移交到政府时，项目资产应达到的标准❷。

对于提前终止，首先合同应写清楚在什么情况可以提前终止，一般包括政府部门违约或为公共利益而采取的终止、私人部门违约造成的终止；因不可抗力等外部原因造成的终止，对于违约造成的终止，PPP合同应清楚地规定什么样的违约事件会构成合同终止，但无论哪一种情况，政府都需要对私人部门进行支付，只是支付的金额会因合同终止的原因不同而有所差异，如果是私人部门违约造成合同提前终止，政府支付的原则是确保股权持有人承担违约的损失，也使债务资金提供者承担一定的损失，以激励债务资金提供者在私人部门违约事件发生前介入项目，保持合同正常进行；如果是政府部门违约造成的提前终止，公平的合同应该确保私人部门不会因此而亏本，政府支付中应该包括债务的价值、一定的股权价值，也可能包括未来收益的损失。

下面是一个PPP合同的终止样例条款：

样例　某PPP水厂项目特许经营合同终止条款

10　提前终止

---

❶　我国现有政策不允许政府给予私人部门固定收益的承诺（见"基础设施和公用事业特许经营管理办法"二十一条）

❷　我国前期的某些BOT项目合同中就没有将资产移交条件写清楚，导致合同届满移交时，项目资产处于不良状态。

10.1　由市城乡建委主张的提前终止

10.1.1　下述每一条款所述事件，如果不是由于不可抗力或市城乡建委或市排管办违约所致，如果有允许的纠正期限而在该期限内未能纠正，市城乡建委有权立即发出提前终止意向通知。

a）项目公司在第 3.1 条款中的任何声明被证明实质不属实，使项目公司履行本协议的能力受到严重的不利影响；

b）项目公司未能根据第 3.3 条款提交、替换和恢复履约保函；

······

10.2　项目公司主张的提前终止

下述每一条款所述事件，如果不是由于项目公司的违约或由于不可抗力所致，如果有允许的纠正期限而在该期限内未能纠正，项目公司有权立即发出提前终止意向通知：

a）市城乡建委在第 3.2 条款中的任何声明被证明在做出时在实质方面不正确，使市城乡建委履行本协议的能力受到严重的不利影响；

b）市城乡建委未履行本协议项下的义务构成对本协议的实质违约，并且在收到项目公司说明其违约并要求补救的书面通知后六十日内仍未能补救该实质性违约；

······

10.3　因不可抗力导致的提前终止

任何一方有权根据第 9.6.2、9.6.3 条款的规定向另一方发出提前终止通知。

10.4　提前终止意向通知和提前终止通知

······

10.5　提前终止的一般后果

10.5.1　自任何一方发出提前终止意向通知起，至提前移交日前一日，双方应继续履行本协议项下的权利和义务。

10.5.2　自提前移交日起，市城乡建委应立即自行承担费用负责项目设施的运营、维护和管理，并按照第 10.6 条款与项目公司进行提前移交。

10.5.3　自提前移交日起，双方在本协议项下未履行完毕的其他权利和义务应当继续履行，包括根据第 10.7 条款可能到期应付的任何款项；本协议的提前终止不影响本协议中争议解决条款和任何在本协议终止后仍然有效的其他条款的效力。

10.6　提前终止后的提前移交

······

10.7　提前终止后的收购

10.7.1　若本协议根据第 10 条提前终止，市城乡建委将按照以下规定收购项目设施。

序号	条　　款	收购金额
1	第 10.1 条款	A
2	第 10.2 条款	B＋C
3	第 9.1.2a）、b）、c）、e）条款	（B＋D－E）/2
4	第 9.1.2d）、f）条款	B＋0.4C

其中：

A 指提前终止日经市城乡建委认可的项目公司完成融资交割后提交的融资文件中尚未偿还的贷款金额。

B 项目公司固定资产及无形资产（不包括土地使用权）账面净值（包括未转成固定资产的在建工程）。

C 是指项目公司在以下期间中之较短期间内预期净利润的总和：（1）五年；（2）特许经营期的剩余期间。其中，预期净利润按本协议终止前三年项目公司平均年净利润值计算。

D 指发生第 9.1.2 a)、b)、c)、e) 条款规定的不可抗力后，项目公司固定资产及无形资产（不包括土地使用权）的评估值（以双方共同认可的第三方评估机构出具的评估报告为准）。

E 指就相关不可抗力事件发生时，如果项目公司遵守本协议第 3.6 条款的义务就有权获得的全部保险付款（包括认定保险赔款）。

10.7.2 若本协议依据第 10 条提前终止，土地使用权的有偿收回按照第 5.1.6 条款的规定执行。

10.7.3 本协议依据第 10 条提前终止后，项目公司依法自行获得遵守本协议第 3.6 条款项下义务就有权获得的全部保险付款（包括认定保险赔款）。

10.7.4 对第 10.7.1 条款所规定的收购款的每一项构成的计算必须经市城乡建委和项目公司共同认可的一家会计师事务所验证，市城乡建委和项目公司应在发出提前终止通知后七日内共同确定该会计师事务所。

10.8 提前终止

10.8.1 发生第 10 条项下事件，在履行完以下事件后，本协议自动提前终止：

a) 本协议项下的债务（若有）支付完毕；

b) 办理完毕全部产权过户手续以及其他法定手续；

c) 市城乡建委向项目公司支付全部终止收购金额。

10.9 提前终止时履约保函的提交和解除

在本协议因第 10.1 条款和/或第 10.3 条款的规定而被提前终止的情况下，项目公司应通过按第 3.3.2 条款的规定向市城乡建委提交一份有效期至提前终止日后十二个月届满的新履约保函，以确保履约保函在提前终止日后十二个月内继续保持有效。在此期间，第 11.9 条款项下有关项目公司履行修复缺陷或损坏（不包括不可抗力事件造成的缺陷或损坏）义务以及市城乡建委或其指定机构相关权利的规定应适用。市城乡建委应在提前终止日后十二个月届满后的第一个工作日解除履约保函并退还履约保函的剩余金额。

3.5 PPP 交易管理

【指南内容要点】

● PPP 项目进入交易阶段，就意味着政府部门完成了建议书的分析以及项目的其他准备工作，开始选择私人部门，来实施 PPP 项目。

● 项目交易阶段的工作是完成对私人部门的选择，签订 PPP 合同，私人部门已经获得必要的项目资金，并开始对项目调配资金，这标志着项目融资到位，交易阶段结束，之后进入项目实施阶段，即 PPP 合同管理阶段。

● 交易阶段的目标有两个：一是选择一个来自私人部门的有能力的企业或联营体，二是识别实现项目目标的最有效的方法，主要基于两个方面：技术和物有所值，实现这些目标需要一个竞争、有效率和透明的招标过程。

● PPP 项目交易有五个步骤：决定采购策略、PPP 项目市场宣传、投标者资格预审、管理投标过程、确保达到使合同生效和融资关闭的条件并实施合同。

【内容解读】

交易阶段开始就意味着该 PPP 项目已经通过可行性研究，并且得到相关行政管理部门的批准，进入到选择参与项目投标者这一阶段。对政府部门来说，这一阶段的关键是如何选择出一个最佳的私人公司来作为 PPP 项目的投资、建设、运营的特许经营者。

多数政府都把采取公开竞争性招标选择私人部门作为取得透明和物有所值的最佳途径，一些国家，比如巴西，通过联邦 PPP 法律（2004）禁止 PPP 项目采取非竞争性招标，但实践中，对于一些小项目，或者现有 PPP 合同资产的扩展，或对工期要求极其紧迫的项目，也有直接议标的，比如波多黎各的 PPP 法允许以下情况可直接议标：（1）项目投资额低于 500 万美元；（2）签发 RFP 后无人应标；（3）通常的招标程序对项目来说负担过重、不合理或不切合实际；（4）只有一家公司拥有项目必要的技术。无论采取公开招标还是直接议标，所选择的私人部门都应该是最能胜任该 PPP 项目的，具体应该如何选择私人部门合作者，3.5.4 内容解读中有详细阐述。

3.5.1　采购策略决策

【指南内容要点】

● PPP 合同管理的第一步便是规定采购策略。采购策略决策包括四个方面：是否采用资格预审，是采用单阶段还是多阶段采购过程来择优选择投标者，如何与投标者进行谈判，授标标准是什么；本部分除了以上四个方面的内容外，还有在最后关于投标过程是否收费或要求投标保函，抑或是由政府提供投标成本支付等相关问题的内容。

● 为了达到采购目标，通常要求保证采购过程的公平、竞争、透明和效率，但最好的采购过程受到国家背景（country context）、所涉及政府机构的本质和能力以及特定项目特征的影响；如何规定 PPP 采购策略也可能会受到一些制约：政府采购所适应的所有法律法规、政府在 PPP 法律法规或指南中规定的所有 PPP 项目采购规则、为 PPP 项目提供资金的多边开发银行或基金机构的采购规则。

● 资格审查分为资格预审与资格后审。

● 资格预审的优点是限制投标者人数（一般为 3～6 名），提高投标者的中标率，因此，这种方式鼓励投标人认真编制投标文件，同时降低政府部门的评标负担，但其缺点是，在公布了通过资格预审的投标者名单后，易导致这些投标人合谋围标；实践中，不同的国家做法不同，比如澳大利亚基础设施从业指南❶建议采用资格预审来选择不少于 3 个

---

❶　Australia，Infrastructure Australia（2001），National PPP Guidelines：Practitioners' Guide，Canberra，P16.

的投标者，而新加坡 PPP 指南❶却认为资格预审会限制竞争而禁止资格预审。

● 资格后审就是先设定资格标准，并在正式招标前公布，拟投标者可以自行对照标准决定自己是否合格，从而决定是否编制投标建议书。

● 进入招标过程，就要确定是采用单阶段招标或双阶段还是多阶段招标。

● 单阶段招标就是要求投标人不但提交技术建议书，也要提供财务建议书❷，其优点就是简单、快捷。

● 双阶段或多阶段招标就是要求投标人提交一个初步建议书，建议书包括对招标文件和合同草案的反馈意见，可以包括，也可以不包括财务方面的内容，政府部门根据反馈意见，可能对原招标文件和合同草案进行修改，然后再邀请投标人提交进一步修改的建议书，此过程可以反复不止一次，最后由投标人提交最终的建议书，包括财务方案。

● 在招标阶段前期，政府与多个相关投标人可能会进行程度可浅可深的谈判，但这可能降低透明性，操作难度大，因此有些国家禁止这一做法，因此，实践中，具体做法各国不尽相同。

● 在多阶段招标时，政府在各个阶段之间，可以与多个投标人进行谈判或对话，这有助于澄清招标文件、合同草案、投标人的初步建议书，并使得最终提交的建议书更符合政府的要求；某些情况下，在政府对某一投标人有倾向性意见时，可以选择与其单独进行谈判。

● 在投标人提交投标文件后，一旦政府确定了预投标人，则可以进入投标后的谈判，即：双方进行进一步的对话，进行投标书提交后的谈判的目的主要是两个方面：一是对招标要求和合同草案进行澄清；二是对投标人尤其是投标人的贷款人不接受的条件（如风险分担）进行协商❸，从而最终确定 PPP 合同。

● 进行投标后谈判应注意，即使还有备选的其他投标人，政府也不能将此作为砝码，迫使预投标人在谈判时大幅度退让，有些政府规定，投标后谈判主要限制在澄清对建议书的微调，不能对原投标书作过多更改，否则影响程序公正和透明。

● 某些国家的法律规定，任何带有限制条件的投标书都不予考虑，但避免投标后谈判的一个最好的方法就是提前编制清晰全面的招标文件和合同草案，标前与投标人沟通，聘用有经验的顾问，从而保证招标文件中的要求可以被投标者所接受。

但对于特别复杂、前期无法做到上述要求的项目，采用竞争性谈判程序也许是最好的方法。

● 授标标准通常有两种：基于财务标准的授标；基于财务和技术综合标准的授标；基于财务标准的授标方法的操作分为两个阶段：第一个阶段是先进行技术标评审，只有通

---

❶ Singapore，Ministry of Finance（2004），Public Private Partnership Handbook，P60.

❷ 对于 PPP 项目，在实践中，通常要求投标人按项目实施内容划分，提交投标书内容通常包括：融资方案，建设方案，运营方案，这里所说技术建议书和财务建议书的说法是传统上一种习惯说法，尤其是对于 EPC 工程合同的投标的习惯说法，在此所说的财务建议书包括融资方案，而技术建议书包括建设方案和运营方案。

❸ 有些投标人会在其投标书中，以偏差（deviations）的形式，列出不接受招标文件中的某些要求，这样的投标书实际上成了有条件的投标建议书（conditional proposal），大部分国家的法律允许投标人这样做，并在投标后的谈判中解决，但有些国家的法律不允许这样做，并认定有条件的建议书为废标。

过技术标评审的投标书才进入第二阶段的财务评审，然后从进入财务评审的投标人中，选择财务上最优的投标人。

● 基于财务和技术综合标准的授标方式，一般将技术标和财务标进行权重分配，最高得分者中标，这能够反映"物有所值"的PPP项目思想，但确定恰当的定量标准以及如何分配权重是十分困难的，很多情况下是按评标团队的主观价值判断，这又可能影响评标过程的透明性。

● 招投标费用的处理方法：对于PPP项目来说，无论是政府的招标费用，还是投标人的投标费用，都很高昂。

● 为了保证招投标效果，政府处理这一问题的方法包括：（1）要求投标人提交投标保函，以保证投标人认真投标，避免中标人无故撤标；（2）关于投标人费用问题，政府可给予部分补偿❶，以鼓励投标人积极参与；（3）有些国家不但不对投标费进行补偿，反而要求通过资格预审的投标者承担政府前期为招标而花费的准备工作费用❷。

【内容解读】

1. 关于是否需要资格预审

是否进行资格预审，既与采取的招标方式有关，也与国家的政策有关。在具体操作层面，不同的招标方式侧重不同的方面，如：若采用竞争性谈判方式，可能获得强有力的投标建议书，提高招标效率，但可能降低过程的透明性；若采用公开竞争性招标方式，则有助于招标过程的透明和公平，但可能使招标过程复杂、冗长、缺乏效率，参与投标者数量会太多，招致无效费用太高。因此，采用公开招标方式时，一般需要进行资格预审。就国家政策而言，对于以治理腐败，公开透明为优先考虑目标的国家，公开竞争可能为最好的选择策略，而在时间紧迫，公共治理秩序较高的国家或地区，则可能采用直接谈判方式。因此采用哪种具体方式选择投标人，需要根据该国家或地区以及项目的具体情况而定，如新加坡不进行资格预审，认为这会降低竞争性，而澳大利亚基础设施PPP实务指南则建议用资格预审程序。

2. 关于单阶段或多阶段招标

对于简单的项目，单阶段招标就可以了。但大型复杂项目由于涉及信息的广泛性，则适用于双阶段或多阶段，这样，便于政府与私人部门的互动，有助于投标人对项目有一个逐步的了解，对项目有相对正确的判断，提高招投标效率。笔者曾参与投标了巴西某PPP项目，巴西政府部门做法就是先将招标草案在网站公布，供潜在的投标人给出反馈意见，这样做的好处是政府可以获知相关感兴趣的潜在投标人的情况，而潜在的投标人也有一个给出建议的机会。但政府部门在实施这一过程中，应该认真对待潜在投标人的意见，而不是走过场，否则，PPP项目很容易流标。

3. 关于PPP项目招标涉及的谈判问题

---

❶ 如澳大利亚的某些基础设施部门。

❷ 如中国和智利。我国某些政府部门的做法则相反，不但对投标者的投标费用不给予任何补偿，反而还在招标文件中规定，中标人应支付政府前期为招标而花费的费用，通常规定一固定额度。这也部分地解释了，为什么在政府大力推行PPP的当今，社会资本以及银行对PPP项目却没有表现出应有的热情。政府部门应理解PPP的本质，不能仅仅将PPP当作政府公共设施建设财政困难的解决之道，而应利用政府与私人部门各自的优势，通过提高效率，达到真正双赢。

大量事前谈判工作是PPP项目区别于其他传统项目建设模式的又一个主要特征，这主要是因为PPP项目在招标时项目信息的"不完备性"，很多内容不能固化，因此，双方单靠"静态的招标文件"是不够的，面对面的谈判是一个必要的补充，不但可以在招标期间引入谈判机制，也可以在确定优先中标的投标者后，政府与该投标者开展谈判。

关于招标前的谈判，2004年，欧盟在其PPP采购政策中引入了"竞争性对话"机制，具体方法是，在收到初次投标后，政府可以针对招标文件、合同草案、投标建议书的各个方面，与投标人展开对话，根据对话结果，再修改招标文件并重新颁发，让投标人提交最终的投标书。英国、澳大利亚也都有类似机制。

关于招标后的谈判，一般是与排名第一的中标候选人进行谈判，其谈判的内容一般仅限于相关内容的澄清与相关承诺的确认，涉及的是微调工作。若此时政府部门希望利用该投标人中标心切的心理来让投标人做出很大让步，则会给未来项目的履行带来潜在的风险，各个国家以及相关专家都呼吁在项目招标中，一定避免这种情况。

4. 关于评标问题

PPP项目的评标标准本质上与传统的评标标准类似，都是通过一些指标的设定，来预测和选择未来实施项目的中标人，采用最广泛的就是基于财务标准的选择，或者基于技术和财务综合标准的选择。但由于PPP项目的服务范围比传统项目更大，一个典型的新建PPP项目（如BOT项目），不但要实施项目，而且还要为项目提供资金，并在竣工后负责运营服务，因此，在评标的具体指标方面比传统的评标标准更复杂。

一般来说，对于技术上简单的项目，通常采用基于财务标准来决定中标人，但是即使这样，仍然要对技术方面进行审查，看技术上是否可行，只有技术方面通过的投标书才可以进入财务方面的评估，这一方法又可以分为若干具体方法，如最短运营年限中标法，项目收益最小净现值法等；对于复杂的项目，一般选取综合评标法，技术标仍占一定的评分权重。虽然PPP涉及不同的基础设施和工业项目，但评标时一般覆盖下面几个方面：

- 项目公司成立方案
- 工程设计方案
- 融资方案
- 建设方案/改造维修方案
- 运营方案
- 财务分析方案
- 保险方案
- 投标书的响应性

近年来，学者们对评标标准进行了深入研究，在财务指标和技术指标的基础上增加了HSE（健康—安全—环保）与管理两个指标。在此四个一级指标的基础上，又开发出了各个一级指标下的二级指标[1]。

（1）财务指标的10个最重要的二级指标

---

[1] 见：Xueqing Zhang（2005）. Criteria for Selecting the Private-Sector Partner in Public-Private Partnerships，*Journal of Construction Engineering and Management*，Vol. 131，No. 6

- 可靠的财务分析
- 净现值
- 收费标准确定以及调整机制
- 应对商务风险的能力
- 给业主（政府部门）带来最小的财务风险
- 内部收益率
- 项目公司参与方的财务实力
- 总体投资计划
- 特许经营期限
- 股东强有力的财务承诺

（2）技术指标的 10 个最重要的二级指标

- 设计和施工关键人员的资格和经验
- 符合业主（政府部门）要求的程度
- 设计分包商/施工分包商的能力
- 满足设计要求的程度
- 施工计划以及满足施工计划的能力
- 设计施工质量控制计划
- 项目的可维护性
- 设计寿命
- 设计标准
- 质量管理和保证体系

（3）HSE 指标的 5 个最重要的二级指标

- 遵守法律法规
- 大气和水污染控制
- 过去的环保业绩
- 文化古迹保护
- 安全管理责任感

（4）管理指标的 5 个最重要的二级指标

- 项目管理技能
- 管理层的构成、资质与经验
- 联合体内部的协调机制
- 联合体内部责任分担与领导力
- 参与方之间的工作关系

财务分析方案是其中最重要的一份文件，投标人一般在其投标书中通过一个财务模型来体现。

还有一种特殊情况，由于 PPP 项目招投标代价较高❶，在实践中，政府实际收到的投

---

❶ 根据英国国家审计署提供的统计数据，在各种制度安排较为成熟的英国，从资格预审到项目资金就位这一段时间，PPP 项目的交易费用高达整个 PPP 项目投资的 2.6%，包括聘用咨询专家费用等。

标书往往数量不多，甚至只有一家或一家都没有。若只有一家提交投标书，政府部门如何处理则颇为棘手。欧洲 PPP 知识中心给出两个处理方法，适用于不同情况：一是，若投标人少的原因是由于招标文件不完善造成的，如：项目规范不清，合同草案不合理等，则应对招标文件进一步完善后，重新招标；二是，若投标人认为竞争水平适度的，政府部门的咨询顾问也给出了项目的基准费用，甚至在某些情况下，在要求对主要项目承建商（分包商）进行实际的市场测试的情况下，则可以继续其招标程序，若此唯一的投标人完全符合设定的招标标准，则可以考虑其为中标人。

我国 2015 年五部委联合中国人民银行出台的《基础设施和公用事业特许经营管理办法》第十五条对选择特许权经营人的方式规定："实施机构根据经审定的特许经营项目实施方案，应当通过招标、竞争性谈判等竞争方式选择特许经营者。特许经营项目建设运营标准和监管要求明确、有关领域市场竞争比较充分的，应当通过招标方式选择特许经营者"，但没有涉及投标人数太少如何处理。

财政部 2014 年《政府和社会资本合作模式操作指南（试行）》规定，"项目有 3 家以上社会资本通过资格预审的，项目实施机构可以继续开展采购文件准备工作；项目通过资格预审的社会资本不足 3 家的，项目实施机构应在实施方案调整后重新组织资格预审；项目经重新资格预审合格社会资本仍不够 3 家的，可依法调整实施方案选择的采购方式。"

我国 2012 年开始实施的《中华人民共和国招标投标法实施条例》第 44 条规定，"投标人少于 3 个的，不得开标；招标人应当重新招标。"，但本条例似乎并不完全适用于 PPP 项目的招标。我国各部委出台的很多文件都规定，PPP 项目要依法招标或进行竞争性谈判等，但我们目前仍然没有一部清晰的法律，明确规范 PPP 项目选择特许经营者的法律，要使我国的 PPP 项目真正的健康有序地发展，高质量的 PPP 相关法律体系是一个必要的制度安排，也是需要当今政府相关部门立即行动来解决的一个急迫问题。

3.5.2 PPP 市场营销

【指南内容要点】

- PPP 市场营销的目的是吸引潜在的投标者和投资者，这是项目早期政府部门的一个重要工作。

- 为了保证后续投标有适当的竞争性，政府部门必须做出积极的努力，使得项目能吸引较多的投标者。

- 早期的 PPP 市场营销有助于识别潜在的投标者，从而能帮助政府部门确定投标资格标准，避免标准定得太高，到头来无人有资格来投标。

- 针对招标信息发布广告是营销的最基本的手段，许多政府对发布广告方式有一定的要求，比如，欧盟政府必须在欧盟官方期刊（Official Journal of the European Union）上发布消息，而南非要求采购必须通过政府公报、机构网站以及媒体广告进行发布。

- 更为积极的 PPP 项目营销方式包括：（1）向潜在的投资人进行宣讲；（2）道路两边的醒目广告牌；（3）发布项目信息材料，如在行业出版物上介绍有吸引力的项目情况等。

【内容解读】

从现有文献来看，PPP市场营销方面仍没有得到政府部门的重视。事实上，由于基础设施的投资大，资产专用性强，项目周期长，这样本来有能力参与项目投资的机构数量就不多，因此，需要政府部门针对项目向外界进行充分的宣传，才能从资本市场上吸引到一定数量的感兴趣的投标者和投资者，这一问题已经得到某些学者的重视，并提出了在前期准备阶段，应进行"市场软测试"（market sounding），来看看私人资本市场对项目的总体反应，并能及时调整采购策略，在正式开始采购和招标前，应考虑下列问题❶。

（1）要求的清晰性：项目的范围和要求清晰、稳定吗？

（2）项目风险：项目风险是否全面识别出来，是否对计划的风险分担进行了测评？

（3）关键合同条件：是否编制好PPP合同，以便恰当地表述出项目要求和风险分担？

（4）商业兴趣：是否有足够的证据，证明市场的投资人、承包商、金融机构等有足够的兴趣参与项目，能够支撑项目正式启动？是否制定好市场策略和编制了潜在投标人名单？预计的股本和债务资金是否可以从市场上获得？获得条件是否具备？是否已经接触了一些开发基金机构？

（5）项目信息：是否有将项目正式推向市场的计划？项目团队是否有项目信息备忘录？投标资格以及评标标准是否制定出来？

（6）项目可承受性：是否能承受全部项目范围？向用户收费是否现实？政府部门的支付义务是否已妥善安排？

（7）总体时间表：是否已经制定了采购阶段的可行的时间表？

（8）项目团队与过程：采购阶段管理团队是否已经就位？管理团队是否可靠？是否可以支配资源？招标过程和评标策略是否已在各方之间达成一致意见？项目治理结构和过程是否制定完成，从而能保证及时高效的决策？是否任命了高效可靠的咨询顾问？总体方案是否得到测试，从而能保证项目实现"物有所值"的目标？

（9）利害关系人和用户承诺：是否识别出了全部相关利害关系人？他们是否对项目做出承诺？是否有与他们持续沟通和协商的机制安排？

（10）法律程序：是否了解并获得了所需的法律批准，如规划和环保？现场与土地问题是否清楚了？所有项目批准是否完成？相关公共当局授标以及签订长期合同的权力是否被确认？相关长期财政预算拨款是否得到承诺？合同法与银行法是否能支撑PPP项目融资？

上述问题应该在准备阶段得以解决，并适时向市场公开，以便能得到市场真实反应，从而保证后续的采购过程的可持续性。

3.5.3 投标人资格审查

【指南内容要点】

● 资格审查通常采用资格预审制度，资格预审文件的颁发，标志项目招标正式开始。

---

❶ Farquharson，Edward，Clemencia Torres de Mästle，E. R. Yescombe & Javier Encinas (2011) *How to Engage with the Private Sector in Public-Private Partnerships in Emerging Markets*，*World Bank*，Washington，D. C

● 资格审查文件提供的信息应具备恰当的深度，能使得相关公司决定是否对项目感兴趣，告知他们资格审查的程序和要求，以及项目的具体采购方式。

● 资格审查文件提供的信息具体包括：技术和服务要求概述；关键商务条件；项目采购过程中计划提供的信息清单；资格审查标准；感兴趣的公司需要在规定的格式上填写的信息；评价过程与时间表。

● 收到感兴趣的公司填写的资格审查文件后，政府部门的项目实施机构/资格审查团队必须根据预定的标准进行审查；资格审查标准可以是定量的，也可以定性的，主要包括发起人公司的财务稳健性、从事类似项目的经验以及管理团队关键成员的经验。

● 根据设定标准，采用"通过"／"不通过"，或采用排序方法进行资格审查，并确定通过资格审查的公司数量。

● 资格审查完毕后，无论提交资格审查书的公司是否通过资格审查，都应尽快通知他们；一个好的做法是，通过资格审查的名单应公示，同时对没有通过的公司应当提供给足够的信息，说明没有通过的原因。

【内容解读】

PPP 项目的特点决定了选择投标人标准的复杂性，为了确保投标人在各个方面有足够的能力顺利实施项目，投标人资格审查是关键环节。另外，若前期市场推广的好，吸引的潜在的投标人数量多，就必须通过资格预审控制实际的投标人数，避免评标工作负担太大。

虽然每个国家的做法不同，但资格审查覆盖的各个方面却大致相同。澳大利亚国家 PPP 指南中建议资格审查中应考虑的几个方面包括。

（1）经验

● 若为联合体，感兴趣的联合体主办人牵头管理 PPP 项目的经验

● 感兴趣的响应人（联合体各关键成员）的专长与能力，以及其能满足本项目要求的相关证明

● 联合体成员过去成功合作实施项目的详细情况

（2）商务与财务状况

● 感兴趣的响应人（包括联合体各关键成员）的详细介绍；联合体投标协议的性质；未来关于任何"特别目的公司"（special purpose vehicle）的意向性安排和条件

● 拟定的资金筹措详细计划

● 承诺理解和接受政府部门建议的商业原则/风险分担

● 联合体各成员公司的财务状况以及母公司（若有母公司）计划给予的相关支持

（3）其他

● 确认投标人或其联合体任何成员没有实际或潜在的利益冲突

关于资格预审的核心工作，如图 3-3[1] 所示。

---

[1] Farquharson，Edward，Clemencia Torres de Mästle，E. R. Yescombe & Javier Encinas (2011) *How to Engage with the Private Sector in Public-Private Partnerships in Emerging Markets*，World Bank，Washington，D. C.

图 3-3 资格预审各阶段内容

3.5.4 招投标过程管理

【指南内容要点】

● 管理招投标过程是采购 PPP 项目的一个中心环节，一般开始于资格审查之后，目的是选出首选中标人（Preferred Bidder），并与之进行谈判签约，实现融资关闭。

● 管理招投标过程的步骤因采购策略不同而有所差异，但一般包括的环节有：编制和发布招标文件（Request for Proposal，RFP）；招标期间与投标人的互动；接收投标书；评标并选出首选中标人；非常情况的处理（如只收到一份投标书或收到的投标书都不符合要求等）；与首选中标人谈判最终确定合同。

● 政府签发招标文件意味着招标过程正式开始。高质量、详细而清晰的招标文件对于确保招标过程竞争并取得物有所值非常重要。招标文件一般包括：项目机会信息（information on the PPP project opportunity）和招投标过程信息。

● 项目机会信息包括：关于 PPP 项目关键特征与商务条件的信息备忘录（Information Memorandum）；项目协议草案；项目已获得的批准或许可的副本；关于项目技术信息的描述，这些技术信息是在项目准备阶段积累的，放在数据室，可以随后提供给投标人。

● 招标过程信息包括：详细的投标规则和投标人须知、实施时间计划表、评标标准、投标保函要求。

● 在投标人准备标书期间，政府应该规定如何以及在多大程度上与投标人互动，互动的渠道和允许询问的话题一般会在 RFP 中做出规定，这对于保证招标过程的透明很重要。与投标人互动的渠道包括：设置数据室以便于投标人查阅项目相关信息；投标过程中的提问与解答，如果投标人以信件方式提问，招标机构会把书面回复寄给所有投标者；标前会议，招标机构介绍项目并现场回答投标者的提问。

- 接收投标书环节主要注意其过程的保密性，避免投标文件被篡改，妥善保护投标书中的敏感商务信息。

- 评标涉及的内容包括：评价投标书完整性，是否符合招标的最低要求，是否符合项目纲要的要求；投标书澄清；初审合格后由评标专家组逐项详细审查；起草评标报告。

- 特殊问题处理：当仅仅收到一家投标书时，有两种基本处理方法，一是把投标书重新封上并重新招标；另一种是在尽职认真审查后选择该投标人；当收到的投标书都不合格时，若收到的投标书质量不高，直接重新封上并重新招标，若收到的质量较高，可以延长招标时间，与那些投标书高质量的投标人就其不符合招标要求的事项进行磋商，一般是要求他们修改。

- 一旦预中标人确定后，政府有时与该投标人进一步磋商，从而将合同确定下来。

【内容解读】

1. 关于招投标过程的动态管理

招投标过程管理的核心目的就是政府部门能收到数量足够保持竞争、质量上又满足招标文件要求的投标书。为此，政府部门首先应保证整套招标文件，包括投标人须知、项目功能性要求的清晰表述、合同文件草案等的清晰性。同时，相对于传统的项目模式，PPP项目的前期工作深度会浅一些，因此，招标文件所提供的信息量就会比较少，这样，投标人对项目的理解可能有所偏差，为了弥补这一不足，保持整个招标期间与投标人保持互动就显得尤为重要，包括安排考察现场和相关项目数据、文件澄清、投标人会议等，目的是让投标人理解项目的目的以及政府部门的意图。应注意的是，互动过程应该是公开、透明，保证给予每个投标人公平合理的机会。一种具体操作方法是，所有通过资格预审的投标人一次性提交投标文件，之后进入评审。对于大型复杂项目，政府部门在此期间还可能与相关投标人之间展开一个"结构性对话"，以便确定最终的符合招标文件要求的投标人名单，中标人只从此名单中选取。可以这样认为：PPP项目的全过程最体现美国项目管理体系关于项目管理特征的描述："项目管理是一个逐渐明晰的过程"，因此，这一过程中各方的互动与沟通显得十分重要。

2. 关于PPP评标操作

前面在采购策略中我们谈到评标标准，下面再给出某些国家或地区的具体评标做法，供参考。

南非的PPP指南中给出的评标做法。

(1) 评标组织：由三个小组组成

- 技术评标专家组
- 评标协调委员会
- 项目评审委员会

(2) 技术评标专家组任务，分三个步骤

- 初评
- 详细分析

● 向评标协调委员会汇报

初评的工作包括：从收到的投标书中挑出有重大偏差的投标书单独处理；投标书完整性、符合性检查。

详细分析工作包括：技术方案审查；法律方案审查；财务方案审查；是否符合BEE❶（Black Economic Empowerment）方面审查；价格审查。

根据审查结果，撰写报告，向评标协调委员会汇报。

相对于传统的项目，PPP财务方案比较复杂，审查重点应体现在：项目在全部特许期的总成本、投标联合体的成员的特征和资金来源、是否足够符合"物有所值"原则。审查财务方案的人员要与技术人员、法律方案审查人员等联合，并参考他们的评价结果来对财务方案进行综合评价，具体的方面包括：项目财务承受力评价、项目建设和运营费用的确定性、项目资金筹措成本的确定性、项目参与方与总体结构、投标人在财务模型中的漏项、项目资金价值、项目融资可行性。在评审过，财务评审专家应给出财务方案综合分，并对一些待决事宜做出备注。

（3）评标协调委员会的任务

● 在技术方案评价期间，协助技术专家组各个专业负责人之间的沟通协调
● 批准技术专家组与投标人澄清的所有书面来往信函和文件。
● 接收并向项目评审委员会转交技术专家组的投标书完整性与符合性技术报告。
● 督促技术组完善详细的分析报告。
● 对后续工作提出建议，如后续的"最优最终报价"（BAFO）过程。
● 根据技术专家组的各个报告，提出一揽子的项目综合方案。
● 对投标书综合方案进行打分，并提出在签订PPP协议前仍需关注的问题。
● 将项目评估过程和结果的说明与报告书整理编制为一份完整建议书，提交给项目评标委员会。

南非财政部建议，最终打分不由评标协调委员会确定。

（4）项目评标委员会的任务

● 接受完整和符合要求的投标书；
● 接收和评价评标协调委员会提交的报告和建议书；
● 对投标书打分；
● 确定一个"最优最终报价"（BAFO）过程；
● 选择一个预中标人以及一个或多个备选者。

3. 关于与预中标人的后续谈判

PPP项目一个主要特点是在评标之后，只是选取一个"预（preferred）"中标人，这是因为，招标文件中的合同草案有一些问题没有写清楚，或投标人提出了其他要求，另外，拟为项目贷款的金融机构也可能提出其他要求，通常PPP协议的先决条件是谈判的关键点。但是若后续谈判内容涉及面太多，谈的太广，就会使前期的招标评标工作失去意义，也会对其他投标人不公平，因此，一般政府对此类评标后谈判都有一定的范围限制和

---

❶ 指南非政府为了提高南非黑人的经济发展于2003年颁布的国家政策"Black Economic Empowerment（黑人经济振兴计划）"，其中给予黑人开办的企业等经济活动的优惠政策。

程序。这一谈判也是一个非常耗费精力的艰难且冗长的过程，南非 PPP 指南针对此类谈判，给出以下谈判原则：

- 关注各方的利益，不是所持立场；
- 将问题与人分开，就事论事；
- 做好家庭作业：提前确定自己想要什么；
- 要有公平心，努力建立信赖；
- 做一个积极的倾听者；
- 尊重对方利益的关注点；
- 做好妥协的准备；
- 非实质性但难缠的问题留在后面解决；
- 千万不要让预中标人有垄断地位的感觉；
- 不要有在一定的时间非得做出决定的压力；
- 千万不要有过分情绪化反应。

3.5.5　合同生效与融资关闭

【指南内容要点】

- 政府一旦与中标人签订了 PPP 合同后，就意味着双方从合同角度承诺要执行该 PPP 项目了。
- 但是，由于 PPP 项目的复杂性，在实际执行项目之前，还有很多附加工作要做，如中标人与其他机构签订的相关协议，以固化项目的实施方案，包括：与融资机构签订好融资协议，落实项目需要的资金；与项目建设承包商签订工程建设合同，落实项目建设的实际实施人；与保险公司签订相关保险合同等；聘用合同顾问开发整个项目的合同管理准则等。
- 政府的具体实施机构也需要完成附加的相关工作，如获取相关许可证等等。
- 这一期间，双方根据 PPP 合同的规定和精神，开发和编制项目的合同管理程序和手册等更具体的操作性文件，以作为管理项目实施期间的具体活动准则。
- PPP 合同中通常有相关条款，规定合同生效的先决条件，如果在规定的时间内没有实现先决条件，则 PPP 合同终止，投标保函被没收。这些先决条件中最重要的一项是完成融资关闭，如果 PPP 合同没有规定这些生效的前提条件，项目的实施可能会被延迟多年。
- 虽然贷款人在招标阶段就有意向了，但往往真正落实成有约束力的贷款合同还有很多工作要做，贷款银行在确定贷款之前，他们需要对项目以及特许协议等做大量的尽职调查，也许调查之后，要求政府与中标人对项目协议进行修改，或者改变在投标书中假定的融资条件。
- 融资关闭（financial close）是 PPP 项目执行过程中一个重要的里程碑，其标志是所有项目协议和融资协议都已签订，协议中设定的各种先决条件业已满足，项目主办人/公司可以按贷款协议提款开工了。
- 在 PPP 项目中，PPP 合同生效与融资关闭是互为前提条件的：贷款协议通常规定融资关闭的前提条件是 PPP 合同生效，而 PPP 合同规定，PPP 合同生效的前提条件是融资关闭。

【内容解读】

PPP 特许经营协议❶的一个特点是双方签订后不会立即生效，而是在协议中约定生效的条件，政府与中标人都有很多预备工作需要落实，根据欧洲投资银行的建议，下面是一个常见的 PPP 合同签订后、项目开始实施前的预备工作列表。

政府执行机构

● 从主管政府部门获得相关批准，如对采购程序与合同版本的审查和批准；

● 从相关主管部门获得项目许可证以及规划方案的批准；

● 做好项目征地工作；

● 前期遗留的技术上的设计问题均已被澄清；

● 政府负责关键的项目文件与融资文件均已定稿和签署；

● 政府配套的资金已经落实；

● 是否成立了完善的谈判队伍，并是否被恰当授权，是否制定了谈判策略；

● 法律顾问是否审核了投标人提出的各类附加条件，是否影响到了项目的"物有所值"原则；

● 财务顾问是否审核了项目成本、资金来源、财务可承受性、项目可融资性；

● 谈判是否导致了项目招标要求和条件的实质性更改，从而导致投标人选择过程的不公平；

● 是否完全遵守了授标的法律和性质要求。

中标人

● 应在约定的时间内成立项目公司；

● 应落实项目融资相关的协议；

● 配合政府部门落实征地工作；

● 应落实项目实施建设合同，如与承包商签订 EPC 合同；

● 签订项目的相关保险合同；

●与政府部门一起与第三方签订其他相关协议❷。

中标人的核心工作是落实与融资相关的协议，包括：

●高级贷款协议：项目公司与各个贷款人签订的协议，规定双方的责权利；

●共同条款协议：项目公司与各个贷款各方签订的协议，规定各种融资工具的条款以及各个融资工具之间的关系，包括术语含义、要件、提款顺序、项目账户、期权或修正的投票权等，其目的是在众多个资金贷款方之间达成共识，对贷款条件有一个共同的理解；

●从属贷款协议：这一协议主要是项目公司与项目主办人或第三方签订的贷款协议，提供贷款的性质介于股本金与高级贷款之间，也称为夹层贷款；

●股东之间的协议：这是项目公司的母协议，可以看作是项目公司的最核心的"宪法文件"；

---

❶　虽然在法律中"协议"与"合同"的用法有点差异，"合同"被认为是一种正式的、法律上有约束力的"协议"，但实践中，有时用"PPP 项目协议"（PPP Agreement），有时则用 PPP 项目合同（PPP Contract），并无实际差异，本指南中也没有做具体区分。

❷　有些项目涉及第三方，因此，政府部门和项目公司需要与第三方签订一个三方协议，如：我国的奥运会某场馆项目约定，政府、项目公司需要与北京奥组委签订某水上公园协议。

● 直接协议：由政府与贷款人签订的协议，目的是允许贷款人在某些条件下接管项目，即政府赋予贷款人一定的"项目介入权"，项目公司也是签字方；

● 账户协议：指的是贷款方、项目公司、银行之间签订的一个协议，主要是规定关于项目的资金的流出和流入的条件，目的是实现贷款方（银行）对项目公司资金使用的监管和限制，一般通过规定"现金流瀑布"来规定项目收入的资金的使用分配方法；

● 贷款人之间的协议：主要界定各个贷款人针对项目公司之间的关系，目的是当项目公司的运作出现问题时，各方需执行的规则；

● 对冲协议：为减少项目公司的利率和汇率风险而与相关金融机构签订的协议；

● 担保协议：为保证履行自己的合同义务用各种资产或第三方进行担保的协议（用股权、应收款、动产、不动产等）；

● 母公司保函：为保证子公司履行其合同义务，母公司向被担保人承诺义务的担保书。

对政府部门来说，一般会在招标文件规定一个融资关闭的最终日期，以免后期资金融资工作陷入无休止的谈判中，影响项目的实施计划。若由于投标的私人部门原因不能按时实现融资关闭，政府可以没收投标保函。因此，完成融资工作是私人投标人在预中标后的最重要的工作。一般情况下，投标人在投标阶段就会与银行或其他机构接洽，选取有贷款意向的机构，并在投标书中写明相关机构的融资支持，但这一阶段，银行往往只给一个贷款意向支持函，并没有给出法律上有约束力的承诺函，因此，在后续评标后的很长一段内，具体自己能否落实，还有一定变数，因为银行一般都是"风险厌恶"的，在对项目和相关各方了解清楚之前，是不会轻易承诺贷款的。对投标人和政府来说，降低此风险的一种方法是要求贷款人在招标阶段就承诺"固化"的贷款承诺，但这一要求很难获得，降低项目对贷款人的吸引力，导致潜在的贷款人数量减少，降低融资方面的竞争性，从而导致项目融资费用高昂。因此，就落实项目融资方面，无论政府还是投标人，都应该下大力气与银行等机构保持充分沟通，让其对项目的可行性建立信心，这是十分重要的。

对于PPP项目，一个有趣的现象是PPP合同与各类项目融资合同生效是互为前提条件的。我国财政部的《PPP项目合同指南（试行）》中指出，PPP项目合同是其他合同产生的基础，也是整个合同体系的核心，其中的具体条款会影响项目公司与融资方的融资合同的内容。但PPP项目合同条款不会在合同签署时全部生效，特定条款的生效有一定的前提条件。项目公司实现融资关闭即为PPP项目合同最重要的前提条件。根据项目双方的约定不同，实现融资关闭的定义也可能会不同，通常是指：项目公司已为项目建设融资的目的签署融资协议并向融资方提交所有融资文件，并且融资文件要求的就本项目获得资金的所有前提条件已得到满足或被豁免。另外在一些PPP项目合同中，政府方为进一步控制项目实施风险，会要求项目公司先完成项目实施涉及的其他主要合同的签署工作，以此作为PPP项目合同的生效条件。

3.6 对私人主动提交的项目建议书的处理

【指南内容要点】

● 私人主动提交的项目建议书，即：是私人部门主动根据自己的思想和计划向政府部门提出的项目建议书，而不是对政府部门招标的响应。

- 接受和鼓励私人部门提交此类建议书，政府部门会受益于私人部门的知识和想法。
- 但政府部门若直接接受此类建议书，并与私人部门直接谈判，也可能带来问题，这可能导致政府部门面临达不到物有所值目标的风险。

【内容解读】

对私人主动提交的项目建议书的处理，政府部门面临一个悖论：一方面，接受此类建议书会节省政府部门很多前期工作和资金投入，也有利于政府部门利用私人部门的知识和想法，了解 PPP 市场动态；另一方面，若接受此类项目建议书，可能导致垄断行为，使得政府对私人部门的要求是否合理不能作出合理判断，也对其他潜在的 PPP 投标人不公平，因此，寻找一种恰当的方式来处理私人部门主动提交的项目建议书一直是政府部门关心的问题。

3.6.1 私人主动提交的项目建议书的利弊

【指南内容要点】

- 对政府来说，接受私人主动提交的项目建议书会使其受益于私人部门的知识和想法，政府可借此了解私人部门对基础设施开发的想法，同时也会了解相关商业机会以及私人部门的兴趣所在。
- 但私人主动提交的项目建议书也会带来一些问题：（1）经验表明，私人部门在提交此建议书时，对项目可能存在的风险往往考虑不足，而到头来，这些风险往往得由政府部门承担；（2）此类建议书不是政府规划范围之间的项目，因此所建议的项目可能与规划的项目的兼容性不够好，从而影响政府规划的整体执行；（3）缺少透明竞争的采购过程，可能达不到 PPP 项目物有所值的目标，容易诱发腐败，还会导致公众对 PPP 模式的负面认知，导致人们对此模式公正合法性的质疑，减少对 PPP 的支持。

【内容解读】

世界银行参与贷款的项目中，不允许政府部门直接接受私人部门主动提供的项目建议书，虽然世界银行认为，在私人部门主动提供的项目建议书中一定会有真诚和创新的建议书，但数量应该不多，这反映了世界银行在这方面的谨慎态度。例如：在坦赞尼亚，根据马来西亚某电力公司主动提供的项目建议书，坦赞尼亚政府部门与其进行直接谈判，最终签订的合同。但其他利害关系人认为，该项目的造价以及其他方面不合理，甚至坦赞尼亚当时不需要该项目建设，结果政府与私人部门就相关争议进行仲裁，调查发现，原报价应降低18%，即使这样，普遍认为，该项目的报价依然高于国际一般水平。这一案例也验证了世界银行采取的这一谨慎态度的正确性。

我国政府部门出台的文件，也对如何处理私人主动提出的项目建议书做出了规定。财政部文件（财金〔2014〕113 号）规定，"社会资本应以项目建议书的方式向财政部门推荐潜在政府和社会资本合作项目。"这表明政府只是接受此类提议，并经过评估有可能进入项目库，并且即使进入项目库，也需要再走正式的公开招标程序。但我国的政府文件没有说明是否给予提出建议书的私营部门优惠条件。

因此，从国际实践来看，各国政府一方面鼓励私人部门主动提出项目建议书，同时又尽量避免直接与该私人部门议标，从而一方面更好地发挥私人部门的优势和能动性，同时避免垄断对公众利益的损害。从实践操作上讲，若所提议的项目有很多公司都具备能力完成时，则应该再采用公开招标的形式选择特许经营人。特殊情况下，也可以直接谈判，因为再公开招标的时间成本太高，而竞争对手没有或特别少。至于是否接受此类建议书，除了判断私人部门的要求是否合理之外，还要考虑政府在此项目中的"责任"是否能够承受，尤其关注"或然责任/债务"。

3.6.2 创造竞争氛围

【指南内容要点】

● 私人部门主动提交项目建议书的本意是希望能与政府直接就该项目进行谈判，但这会导致上述问题，为了解决此问题，学者们提出各种各样的解决方案；

● 方法一：最优最终报价法（access to best and final offer），这一方法是，采用两阶段投标法，第一阶段投标人只提交技术建议书，经过评比后，只有最优的几个才进入第二阶段，即：提交财务建议书并进入全面评审阶段，而对于"主动提交建议书"的私人部门，给予优惠条件，直接进入第二阶段；南非道路部门采用这一方法。

● 方法二：支付开发费，这笔钱由政府或最终中标者支付给主动提出项目建议书的私人部门，用于补偿他们前期为项目开发的开支；这是印尼处理私人主动提出项目建议书的一种方法。

● 方法三，投标奖励：若最终采用公开招标形式选取中标者，则，对于主动提交项目建议书的私人部门，在评标分数上应给予优惠，智利采用这种方法，奖励的分数可占到财务评估分数的9%左右，同时私人部门为项目建议书所做的详细研究也会得到补偿。

● 方法四：瑞士挑战法（Swiss challenge），即针对私人部门主动提出的建议书，为了验证此建议书是否是有效合理的项目方案，避免该私人部门夸大其词，政府部门以此建议书为基础，再邀请其他私人部门来提交更好的投标书，对原方案提出挑战，然后几个方案对比，得出一个理想方案，接下来，原建议书提交人被赋予按此理想方案修改其原始方案的机会，若能达到理想方案，该私人部门中标。

【内容解读】

本部分给出了学者研究给出的方法，下面是几个国家处理"私人主动提交项目建议书"的具体做法。

（1）智利：对于私人部门主动提供的项目建议书，采用两阶段处理方法。首先对收到的初始建议进行筛选，若通过筛选，政府再邀请该私人部门提供更加详细建议书，然后，政府以此建议书为基础，编制招标文件，进行公开招标。对于提出建议书的私人部门招致的费用，则由项目中标人负担；若项目没有走到招标这一步，则由政府承担，费用补偿标准在项目筛选批准时由双方商定；在评标时，提出项目建议书的投标人享有评财务标时3~8%的评标分数优惠。

（2）印尼：对于没有列入政府优先项目清单中的项目，欢迎私营部门主动提出项目建议书；被政府接受的项目建议书纳入正常竞争性招投标过程；对于该私营部门的补偿有两种方法，可选择其中之一：政府在评标时给予最高10%的投标优惠，或者，政府给予该私人部门一笔"项目开发费"，具体由政府项目执行机构根据独立评价报告确定。

（3）意大利：政府部门项目执行机构每年发布一个三年规划，邀请私人部门针对列入三年规划中的基础设施项目，提出自己的建议书，建议书须遵循规划中的各项目要求，包括内容与时间框架；然后采用"瑞士挑战法"开始进行项目采购。采购的第一阶段是选择两个两家有竞争性的私人部门，再加上提出初步项目建议书的那家私人部门，共三家，进入竞争性谈判程序。若最终产生一个意向中标方案，则首先给予提出初步建议书的私人部门修改自己的建议书，达到中标方案的要求，若该私人部门这样做了，则该私人部门中标。

（4）韩国：私人主动提交的项目建议书必须经过政府实施部门和PPP促进中心评估，然后在90天内进行公开招标，评标时，对于主动提出项目建议书的私人部门投标者增加最多高达10％的总评标分数优惠，该私人部门投标者可以在招标阶段修改其原始的建议书，其奖励分数降低到最多5％，奖励分数在招标时对外公开；在这个过程中没有中标的投标者会得到部分补偿，以鼓励竞争。

（5）菲律宾：对没有列到政府优先发展的项目名单中的项目，政府鼓励私人部门主动提出项目建议书，但政府项目执行部门必须将此机会登载广告三周，并在六十天内公开要求其它感兴趣的公司提交类似项目建议书，在收到竞争性建议书后，则采用"瑞士挑战法"来进行评比，若评比结果原主动提交建议书的私人部门不是最优标，则给予它一个修改建议书的机会，若能达到最优标条件，则最后可赢得合同；若政府没有收到竞争性的建议书，则可以与该私人部门直接谈判。

（6）南非：南非政府的道路管理部门规定，私人主动提出的项目建议书必须符合政府部门要求的内容结构，并需要经过政府部门评价，若建议书被政府部门接受并与私人开发者签订了方案深化协议，则根据此协议，由私人开发者负责该项目方案的深化工作，包括编制招标文件，协议中规定，未来中标者将支付该主动提出项目建议书的私人部门一笔开发服务费，之后项目公开竞争性招标，具体方式是采用两阶段最优最终报价过程，第一轮中两名最好的投标人被要求再次提交最优最终标书，若主动提出项目建议书的私人部门没有进入前两名，则也被邀请进入下一轮，再次提交其最优最终报价。

（7）美国：弗吉尼亚州的公路管理部门规定，政府部门欢迎私人部门主动提出项目建议书，但必须按政府部门的详细邀请来提交，并与政府部门提出项目一样接受同样评价，对于不需要政府监控和支持的PPP项目，需要广告90天，需要政府支持的PPP项目需要广告120天，若没有收到竞争性建议书，则政府接下来直接与私人部门谈判。

（8）乌拉圭：主动提出项目建议书的私人部门会在评标时得到一个最高达10％的评标优惠分，若该私人部门最终没有中标，则会为其所做的项目开发工作进行补偿。

3.6.3 知识产权的处理

【指南内容要点】

• 若随后要进行公开竞争项目，且相关知识产权或有价值的敏感商业信息在招标期间得不到恰当保护，私人部门可能不愿意主动提交项目建议书。

• 处理此类知识产权的方式有若干种。

• 联合国国际贸易法委员会（UNCITRAL）针对私人融资基础设施项目的指南中提出可采用两种方法：（1）政府在竞争性招标时，尽可能只规定项目的最终产出要求，而不要规定达到产出标准所需要的技术，这一方式也符合"基于产出的性能要求"的惯例做法；（2）若知识产权对项目至关重要，在遵循项目成本基准的情况下，最好采用直接谈判选择中标人。

●维多利亚伙伴关系从业者指南（Partnerships Victoria Practioner's Guide）中提出了稍微不同的处理方法。主动提交项目建议书的私人部门应识别欲保护的知识产权，并与政府签协议；如果知识产权对所需服务的形成（existence of the service need）非常关键，则政府在竞争性采购该项目之前，需要与私人部门协商以取得许可。

【内容解读】

现代项目的实施过程中，投标人对自己的知识产权保护意识越来越强，特别对于某些技术和工艺复杂的项目，联合国国际贸易法委员会（UNCITRAL）给出了处理这一问题的两种基本方法，并在一些国家和地区采纳，如澳大利亚新威尔士。但也有一些变形的方法，如在澳大利亚维多利亚操作指南中建议，主动提出项目建议书的私人部门应在其建议书中说明哪些知识产权必须得到保护，然后，政府部门基于该建议书进行招标，但不公布涉及保密的知识产权部分，若知识产权对该项目至关重要，政府部门可以直接与该私人部门谈判，在正式公开招标前从该私人部门中获得相关知识产权。

3.6.4 确定清晰的处理过程

【指南内容要点】

●对私人主动提交项目建议书设定清晰的处理程序至关重要。

●原因一是这能增加透明性，提高利害关系人对政府部门使得项目达到"物有所值"目标的信心。

●原因二是能够激励私人部门为编制高质量的项目建议书前期投入更多的资源，并鼓励潜在的竞争者积极参与项目的投标。

●对私人部门主动提出的建议书进行评估、批准及招标的过程：首先，来自私人部门的公司主动提交项目建议书，政府部门对此进行筛选，如果筛选通过，该私人公司则被邀请完成所有必要的研究，提交完整的建议书并接受评估，关于私人公司的发展费或评标分奖励在这一阶段由政府与私人公司达成一致；然后，负责的政府机构依据私人公司提交的完整建议书准备投标文件，进入招标过程；主动提交建议书的私人公司是否有机会响应招标文件提交最终标书，不同国家有不同的做法，比如，韩国允许主动提交建议书的私人公司修改建议书并投标，但如果私人公司这样做的话，其评标分奖励会减少。

【内容解读】

程序的公正在现代商业交易中得到越来越多的重视，尤其涉及到政府部门招投标更是如此。在公共采购中，腐败成为公众对政府采购不满的一个重要原因，腐败治理的主要手段是"过程的透明性"，使公众对交易过程知情并便于监督。虽然私人主动提交项目建议书能使政府节省前期开发费用和时间，但由于私人部门的"趋利性"，其行为不可能与代表公众的政府部门相一致，因此，一方面，政府应接受甚至鼓励私人部门积极提出自己的项目建议书，另一方面，对此类建议书应该有一个清晰的管理程序。联合国国际贸易法委员会给出的两个做法，基本上代表国际上良好的惯例做法。

本指南给出的处理私人部门主动提出的建议的流程如图3-4所示。

为了便于操作，很多国家对图3-4中每个步骤都规定了时间限制，也对主动提出项目

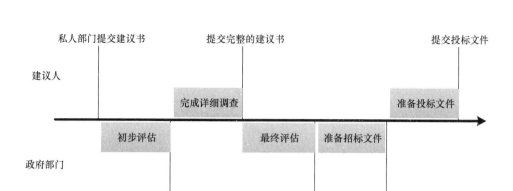

图 3-4　对私人部门主动提出的建议书进行评估、批准及招标的过程

建议书的私人部门有一定激励；但若时间限制太短，则很难使得其他竞争者真正地参与进来，因为对一个项目的了解、理解、消化和提出建议书一般需要较长的时间。如菲律宾的BOT 法规定相关项目机会广告的时间是三周，竞争者给出建议书的时间是 60 天，这样的时间明显较短，不利于竞争者提出"真实可靠"的建议书。

3.7　PPP 各类合同管理

PPP 项目是以政府为主导，众多私人部门，包括投资者、金融机构、承包商、设备供货商、运营商等参与的以基础设施为客体的一项长期交易。虽然有行政监管的成分，但其本质上已经成为一项商业交易，因此，各方之间的合同的设计与管理至关重要。合同管理有狭义广义之分：狭义的合同管理指的是合同生效后在整个合同期内的管理活动；广义的合同管理不仅包括合同生效后的管理，也包括前期的招投标与谈判签约过程管理。前期合同管理的目的主要是设计一份激励兼容的合同，尽可能整合参与各方的子目标，减少冲突，鼓励合作，从而提高项目实施效率；签约后的合同管理则是保证各方履行自己的合同义务，获得约定的合同利益，并在出现争议的情况下按既定程序有序的来解决，最终使项目获得成功。

在本指南中，将前期招投标和谈判签约阶段定义为"交易阶段"；而将生效后的阶段定义为合同管理阶段，采用的是狭义的合同管理概念。从政府角度来看，PPP 合同管理的目标是确保：（1）依据合同持续、高水平提供服务，（2）在实践中维持各方合同责任以及风险分配，（3）发现包括风险和机会在内的外部环境变化，并有效回应。英国 PFI/PPP 合同管理指南[1]对 PPP 项目的合同管理目标做了如下详细的描述。

- 政府部门的合同利益应得到保护；
- 事先各方商定的风险分担不得随意改变，物有所值的目标应得以实现；

---

[1]　United Kindom，4Ps Public Private Partnerships Programme（2007）*A Guide to Contract Management for PFI and PPP projects*，London.

● 根据合同约定的服务标准，对服务提供者的履约情况进行监控，确保在服务商不能履约时的财务影响已经事先得以评估，并采取了恰当的应对措施；

● 只有在服务提供商按质提供了服务时，政府才予以支付；

● 提供的服务应符合合同要求；

● 应保持履约水平和服务质量持续改进。

为了实现这些目标，本章规定了合同管理包含的四项关键工作：

（1）确定合同管理架构：规定合同管理机构的责任及沟通机制，以确保公私双方在合同执行中保持有效的合作关系；

（2）监控 PPP 履约和风险：监控私人部门的履约，确保政府部门在合同下有效履行责任，并监控和减轻风险；

（3）处理变更：处理合同调整（contract adjustments）、争端解决、合同终止、决定是否再谈判，什么时候以及如何进行再谈判；

（4）管理好 PPP 届满时的资产交接。

3.7.1 建立合同管理架构

【指南内容要点】

● 建立合同管理架构就是在政府机构中确定合同管理的责任归属，以及如何管理好与私人部门之间的关系；

● 政府的 PPP 实施机构有责任任命 PPP 合同经理或管理团队，PPP 合同经理必须有充分的资源、合适的技能、恰当的资历，英国 PFI/PPP 项目合同管理指南描述了项目管理团队建立的过程，基于英国的经验，该指南强调了在设计合同管理条款时让合同经理早期介入的好处，同时也强调了在合同期内保持合同管理连续性的重要性。

● PPP 合同管理架构还需要界定 PPP 合同管理中其他政府部门的管理角色：（1）部门监管机构（sector regulators），通常负有监管服务标准和管理 PPP 公司收费变化的责任，比如，在秘鲁，OSITRAN 负责监管公共交通基础设施特许权受让人的履约行为，包括监管合同的经济、商业、运营、投资、行政管理以及财务等方面，同时也有权解决用户和特许权受让人之间的争议；（2）财政部，当合同变化会产生财政影响时，财政部往往会介入，比如在智利，其特许权法规定，PPP 合同实施期间的任何变化最终都必须经财政部批准；（3）中央 PPP 机构或其他特定的 PPP 支持机构，会给 PPP 合同管理团队提供支持，尤其是在处理诸如再融资等的复杂事项时，英国的 PPP 机构（PPP Unit）下设英国财政管理工作组（United Kingdom Treasury Operational Task Force），为公共部门的合同管理策略、标杆管理（benchmarking）以及再融资提供帮助；（4）其他政府内外的参与者，比如，最终用户可以监督服务，独立咨询专家或事务委员会在处理 PPP 合同变更时发挥作用；

● 政府部门需要界定合同经理的自主裁决权，规定清楚哪些方面需要与上级领导或更高机构沟通和得到批准；

● 政府部门还需要详细规定与私人部门的沟通与合同管理准则。这需要在公共部门和私人部门不同的组织层面建立关系。一些政府在合同管理手册或计划里对沟通和关系管理做出正式安排，公共部门和私人部门的关系管理非常重要，双方需要建立信任，但同时要避免机会主义行为。

【内容解读】

合同管理的职能主要由政府项目实施机构负责，但具体的合同管理职责一般由其任命的PPP合同经理来管理，因此，项目实施机构需要任命合同经理。就有关PPP项目事宜，合同经理代表政府项目实施机构来接待外部各方。由于实践中相关管理工作比较复杂，因此，合同经理应该有充分的管理资源，如合同经理应有一个团队来支持其工作，合同经理可以将自己的职责再分担给相关团队成员，因此，政府项目实施机构需要有一定的预算来支持此项工作。

就合同经理的任职资格而言，该人员应有一定的资历和相关技能。资历是保证在组织内部以及对外协调过程中相关人员能听从他的意见和安排。关于相关技能，英国对相关人员的要求是：沟通力和谈判力、变更管理能力、财务知识、分析能力。

虽然合同经理主要对外协调，但由于一个PPP项目涉及的事宜很多，很多事情也需要在政府内部各部门中协调，其他部门对PPP项目的管理工作也可能有所介入，如：对于PPP项目相关标准或收费变化等，监管部门需要介入进行规制；涉及相关资金问题，财政部门也可能会介入，如智利的特许经营法（2010）规定，PPP项目执行中的任何变更必须经公共工程部长令，并经智利财政部批准方可实施。另外，有的国家成立了PPP中心，就PPP合同管理问题，也会提供很多支持，尤其在很多复杂的专业问题上，如再融资问题。例如，英国PPP中心下设运营任务专家组，专门对PPP项目在合同管理策略与再融资等方面提出专业咨询意见。

要对PPP项目进行高效的管理，需要政府机构与私人部门在各个管理层面设定良好的沟通机制，这也是合同管理工作的一个重要方面，英国采用的方法是，设立一个三级机构来对接政府与私人部门的沟通。

第一级为伙伴关系委员会（Partnerships Board），由地方当局主管领导、地方当局的合同经理（项目代表）、私人部门负责人及其代表组成，其职能包括：

- 提供战略性意见，确保长期问题得以提前恰当考虑；
- 确保在整个合同期内合同目标得以实现；
- 确保双方工作处于一种伙伴氛围；
- 确保项目与双方商务和服务计划相一致；
- 确保在各个层面沟通流畅；
- 提供战略性意见，确保长期问题得到恰当解决；
- 考虑相关需要的立法变更并向上汇报；
- 对下面汇报的改进方案或变更进行决策；
- 确定年度持续改进计划；
- 通过全寿命周期费用计划、创新、服务改进等全过程管理，推动"最佳价值"策略。

第二级为合同管理委员会，由地方当局合同经理（项目代表）、地方当局财务负责人、私人部门项目代表以及私人部门服务经理组成，其职能包括：

- 审议监控报告及其相关事宜；
- 审议支付报告，批准款项支付；

- 解决相关数据文件的编制；

- 对项目进展做出预判；

- 识别提高效率的改进方案和必要的变更；

- 记录并讨论影响合同的相关事宜，包括补偿事件，工期延误和展期等；

- 审议相关冲突；

- 确保向伙伴关系委员会汇报相关事宜，并采取相关行动；

- 推动工作中的伙伴精神。

第三级为日常业务管理委员会，由地方当局服务绩效主管领导、地方当局服务经理、地方当局行政管理助理组成，负责对接私人部门的服务主管，其职能包括：

- 尽早发现早期问题；

- 编制监控报告和支付报告；

- 讨论和解决较小的日常问题；

- 就私人部门提供的日常服务，组织最终用户和私人服务部门代表召开讨论会；

- 确保各方都清楚地了解提供服务的标准；

- 推动工作中的伙伴精神。

政府部门健全的组织接口，保证了与私人部门的良好的沟通，有助于项目的顺利实施。

3.7.2　监控与管理 PPP 履约与风险

【指南内容要点】

- 要使得一个 PPP 项目最终实现物有所值，政府需要确保各方职责和风险分担的计划能够落在实处；

- 在 PPP 合同期内，合同经理必须进行三方面监控：（1）监控私营部门对合同的履行以及提供的服务质量，做到赏罚分明；（2）监控政府部门履行合同中的义务；（3）监控风险并采取措施减少风险的发生；

- 合同经理及其管理团队对私人部门履约和提供的服务质量进行监控，监控的信息来源包括：（1）私人部门提供的数据，私人部门有责任按照合同的规定，定期向政府合同管理部门提交项目履约报告，报告的格式、内容、频率应在合同中规定；（2）独立专家，对私人部门的施工、维护、服务标准进行独立检查；（3）服务的最终用户，由于服务的最终用户对私人部门的服务质量有直接体验，因此合同经理可以建立一个用户反馈机制，并将此数据作为监控依据；收到监控信息后，必须确保有一个据此做出反应的机制，包括在政府付费情况下依据合同规定调整支付，或者在严重情况下没收履约保函，也包括与私人部门沟通，对其改进履约缺陷的努力进行监控，识别达到违约导致贷款者或公共部门介入或合同终止的可能及发生时间。

- 针对政府部门责任和风险的监控，主要手段就是在合同开始时，通过编制一个"风险管理计划"作为监控工具；风险管理计划列出政府部门在整个项目期间的每一项风险及相关责任，并针对每项风险，列出监控该项风险所需的信息以及减轻该风险或其影响的相关措施，对于这些信息的获取，应该在合同中规定，在私人部门给政府部门汇报时，将这些信息包含在汇报中；

● 风险管理计划应在合同开始实施前由合同经理编制，并作为合同期的行为指南，合同经理应从私人部门和其他相关信息源及时收集相关信息，定期更新该计划；

● 为此，合同经理应做三件事情：（1）根据预期水平来监控履约的指标是否达到，从而识别相关风险，如道路的交通量水平没有达到预期，可能诱发政府部门需要给予私人部门最少交通量补贴的这一风险；（2）若风险处于项目实施机构的可控之下，则合同经理应按计划启动风险应对措施来减轻风险；（3）若风险不能得到控制，则合同经理仍应考虑可能的应对措施，如，若洪水影响到供水设施的安全，政府部门可以与私人部门一起，根据应急计划采取具体措施。

【内容解读】

前面 3.7.1 节主要界定各方角色、责任和管理规则，本节主要界定政府部门如何动态地管理 PPP 合同。过程的动态管理主要基于获得动态的信息和具体操作手段。本节主要说明，合同经理有两个主要信息源：一是私人部门的项目执行汇报，另一个是服务的最终用户反馈的信息。

关于私人部门的项目执行汇报的要求，澳大利亚 Victoria 的 PPP 项目合同管理指南中针对项目的某个阶段，建议如下。

1. 施工汇报要求

分两个部分：施工进度报告和试运行与移交报告。

（1）施工进度报告

● 项目进度，包括设计和施工两个方面，并与原进度计划对比
　　—达到重要里程碑事件
　　—没有达到的重要的里程碑事件，以及采取的补救措施
　　—未来近期要发生的重要事件，尤其需要具体应对措施的事件
　　—与开发、设计、施工进度计划对比分析

● 规划、建筑许可、环境评价许可、消防许可

● 公共设施

● 项目更新的主进度计划

● 设计、施工、试运行计划安排

● 招标报告，包括分包状态报告

● 检查、试验、样品、模拟与接受

● 政府变更要求

● 私人部门服务公司变更要求

● 财务报告，包括项目状态和现金流以及现有可用资金报表

● 风险报告

● 健康安排报告

● 保险报告

（2）试运行和移交报告

● 编制缺陷清单

● 完成所有整改工作和竣工计划

● 培训状态，包括对公共部门员工的培训

- 提供下列内容
  - 竣工图纸、安装记录图纸、平面图、数据表、技术规程、性能数据表、检验结果
  - 试运行与检验报告、校准记录、运行维护手册，包括相关健康安全和应急程序
  - 项目维护计划书
  - 法定检验与批准
- 每一阶段完工证明与占用
- 融资机构需要的报告的副本

2. 服务交付阶段汇报要求

分两个部分：健康安全报告和培训与就业报告。

(1) 健康安全报告

- 违规事项报告，包括详细情况
- 影响服务时间的事件和无影响服务时间的事件报告
- 要求部分服务工作暂停的危险情形，以及要求关闭整个服务设施的极端危险情形
- 立即的补救措施以及长期的防范计划
- 危害评估报告

(2) 培训与就业报告

- 已完成和计划实施的培训的详节
- 员工的聘用、升迁、冗员、解聘，包括需要政府批准的关键人员的任命
- 企业交易协议补遗
- 劳资纠纷

3. 财务方面的汇报要求

由于项目贷款人一般要求私人部门提供详细的项目财务信息，包括现金流，各种比率，预算、分红等。这些信息对于政府来说已是比较充分，没有必要再额外提供其他信息，但应当注意，由于贷款人与私人部门可能签订保密协议，政府部门应做出协议方面的安排，保证私人部门也能将相关财务信息报告给政府部门，这些信息通常包括：

- 定期更新的财务模型，显示实际财务现状和项目未来预期
- 私人部门的年度预算
- 实际开支与预算费用差额的平衡问题
- 季度管理账户
- 私人部门及其母公司的年度审计账户
- 根据支付机制下，对服务水平进行评述

除上述内容外，政府还可以要求私人部门提供下列内容：

- 私人部门根据管理账户编制的财务报表纲要；
- 项目收益中已经分红和未来分红的情况，这一信息十分重要，因为一旦有分红信息，也就意味着，项目的收益能够满足项目运行成本、税收等的支付，各种偿还比率是能得到保证的，剩下的现金仍能支付股东红利；
- 项目实际收入与项目可达最高收入对比分析；
- 私营部门的绩效表现与预算进行对比，若有差异，分析原因；
- 确认私营部门满足贷款银行的各项要求。

合同管理的另一方面就是对项目过程中的风险管控，政府部门主要关注自己一方承担的责任以及风险状态，就签订合同后的风险而言，私人部门在项目履约方面的准确信息对管控风险至关重要，政府部门应通过合同的规定与监管，获得这些信息，并做出恰当的回应。因此，本节中的规定大部分是围绕政府如何让私人部门提供准确的履约信息。如果得到相对完整准确的信息，政府就可以准确预测自己的风险责任以及私人部门的风险责任，从而采取恰当的措施，否则在项目特许期内就会因风险监管不力而带来问题。如在澳大利亚的墨尔本，政府部门将市区城轨交通系统多个项目授予私人部门特许经营，并规定需求风险主要由私人公司承担。由于实际的需求比预期的低得多，私人公司陷入了财务困境。政府合同管理者从私人公司得到消息，得知其日益恶化的财务危机，但政府部门合同管理者对这一警钟无动于衷，没有采取任何补救措施。结果是，形势进一步恶化，导致私人公司不得不放弃该项目，政府部门不得已启动了合同的重新谈判机制，并付出了很大的代价。若这一需求风险发生的信息及时反映到相关高层政府机构，提前采取补救措施，政府部门的损失也许会小得多。

3.7.3 变更处理

【指南内容要点】

● PPP 合同属于长周期合同，合同期通常在 10 年到 30 年之间，因此合同设计与签订时不可避免地有一些没有预见到的事项在合同执行中发生；另一方面，即使合同中对有关事项规定了，但由于认知和语言模糊性，合同双方对其含义也可能产生争议；虽然上述两种情况不可避免，但却可以被"管理"。

● 根据英国的经验，管理这类问题的思路包括：（1）公共部门在项目准备前期需要关注和解决相关的合同管理问题；（2）公共部门需要具备适当的诸如法律、合同等相关技能；（3）提倡和培育各方之间高度开放与合作的态度。

● 如前面 3.4.3 节的规定，一个好的 PPP 合同必定包括处理最常见的变更的调整机制，但合同管理者还必须认识到，除了合同规定之外，还必须有一些配套机制安排，如建立高水平的专家团队来解决各方之间的问题，并且所有参与方对解决问题的相关步骤应有清楚的理解。

● 很多 PPP 合同都发生再谈判（合同变更）的问题，但要注意，再谈判是对原合同条款的规定的变化，而不是根据原合同的调整机制对合同相关内容进行调整，合同中良好的调整条款可以避免再谈判的发生。

● 然而，再谈判仍时有发生，政府应该对好的再谈判政策有更好的理解，维多利亚伙伴关系合同管理手册[1]对此做了描述，认为公共部门关注项目业绩的同时，也应该关注私人部门的财务健康，而不应专注于再谈判，这样的理解有助于政府作出合理的再谈判决策。

● 当合同双方对履约过程中的履约范围、方式等有意见分歧时，就会产生争议（disputes），争议和服务交付问题（Service Delivery Issues）不同，前者涉及合同双方不同的观点和立场，不一定对服务交付形成中断或其他影响，一般不会引发服务费的减少，而后

---

❶ Australia，Partnership Victoria（2005）．Contract Managemnet Guide，Melbourne.

者则在合同双方之间不存在不同观点或立场，会涉及服务中断或其他干扰，可能引发服务费的减少或其他补救措施。

● 在争议出现后，争议解决思路应该尽可能的考虑双方的立场以及现实情况，用便捷和非正式手段解决，也许对双方都有益。

● 但由于每个国家的行政管理制度、法律体系、管理能力不尽相同，因此，在合同中规定正式的争议解决程序，并且双方遵守此程序来解决，也许更加稳妥，只不过双方都需要抱有一个解决问题的现实态度。

● 为了更高效地解决争议，减少政府争议解决的成本，政府应当：（1）一旦出现问题，应立即开始解决；（2）解决问题的人员应具备恰当专业技能和相应的决策权；（3）遵循合同规定的程序；（4）要有大局观，考虑私人部门的观点，采用双赢思路；（5）尽量将争议在较低的组织层面解决，只有在不得已的情况下才让争议升到上一级管理层。

【内容解读】

对于变更的概念，我们通常使用的并不规范，尤其是实业界。在国际工程合同管理中，变更可以分两大类：一类是工程变更，另一类是合同变更。工程变更是根据合同条款的规定，项目业主一方下达单方面变更指令，要求承包商对原工作范围、工作质量标准等，甚至是工作顺序进行调整，并承担调整后的工期与费用后果，英文对应的是 variation of works 或者 change of works，是合同赋予业主单方面变更工作内容的权力（variation/change under contract）❶。承包商一般仅仅有变更建议权，只能在业主方同意后才能实施工程变更，而无单方面变更权。而合同变更则是合同双方经过谈判或协商，对原合同条款的规定做出变动，对应的英文是 variation/change of contract 或 contract variation/change，是双方权、责、利的一种重新调整，双方必须达成一致，才能对合同进行变更，甚至当合同涉及"负外部性"时，此类合同变更还需要更高层的政府部门的批准才能成立。

关于再谈判与合同调整机制的概念的差异，再谈判的含义是对某些合同规定的改变，相当于我们前面所说的合同变更，此处的合同调整机制，则相当于我们前面所说的工程变更。工程变更本质上没有变更合同，而是根据合同的规定对原来合同规定的标的进行的修改，因此属于合同调整机制的实现。

一般的工程项目中，工程变更虽然有可能频发，但发生合同变更或再谈判的可能并不太大。但实践中，PPP 项目再谈判频频发生，我国就有多个 PPP 项目发生再谈判的情况，如：国家体育馆（鸟巢）、首都机场高速公路项目等。

PPP 项目再谈判这一现象很早就被学者关注，最有名的就是美国加州大学圣地亚哥分校的国际知名学者 Quasch 教授，结合其对拉丁美洲巨大的 PPP 项目数据库的研究，给出了具体的原因❷：

● 宏观经济动荡

● 合同授予标准

---

❶ 也有个别合同范本就工程变更的英文对应的 change in contract elements，即直译为"合同要素的变更"。

❷ Quasch，J. L.（2004）．*Granting and Renegotiating Infrastructure Concessions：Doing it right*，World Bank，Washington D. C.

- 特许经营者需要的投资量
- 授予合同时的竞争程度
- 规制部门的存在
- 规制部门的自治
- 规制的类型
- 特许经营者的国籍
- 大选循环期
- 项目资金来源渠道
- 以前的特许经营合同的经验积累
- 特许经营合同期的长短
- 腐败程度

上述原因总体上可以分为五大类：

1. 宏观经济动荡
2. 合同设计缺陷
3. 政府规制框架
4. 政治和行为环境
5. 其他

因此，解决 PPP 项目的再谈判问题，除了宏观经济不发生动荡这一通常不可控的情况之外，可以从改进宏观和微观两个制度层面来看：一个是项目的微观制度安排，即合同的设计尽可能完善；另一个是项目所在的制度环境，包括法律、规制、文化等。微观制度由交易双方共同安排；宏观制度则由政府方面努力创造。宏观制度环境越好，实施 PPP 项目的交易成本会越低，PPP 合同设计的越完善，双方的投机行为越能得到有效控制，越能公平高效地达到项目目标。

关于争议解决，请参阅前面的第 3.4.4 相关规定和解释。

3.7.4 合同期届满与资产移交

【指南内容要点】

- PPP 合同管理的最后一项工作就是特许期届满后，将项目资产及其运营业务转移给政府部门。

- 特许合同必须对资产转移这项工作做出清楚的规定，包括：转移时资产的质量标准、质量评价方法；资产转移是否需要支付一定的费用，若需要，如何确定支付的额度；是否引入第三方独立的项目评估师，或其他清晰规定的移交要求。

【内容解读】

由于 PPP 项目的特许期很长，有时高达 30 年，因此，在 PPP 项目前期签订合同时，合同对特许期届满时如何移交项目资产这项工作往往不太重视，加上在世界范围内，特许期届满的项目也不太多，各国积累的移交阶段的经验并不多，因此，双方对移交阶段的移交条件和移交程序规定得太笼统，甚至疏漏，导致移交项目时出现很多问题。

项目移交，不但包括项目设施资产移交时的性能测试、评估、修复、验收、移交等手续，还包括有关设施、相关资料、档案等的接管等手续，还有项目运营涉及的与第三方签订的合同转让问题，同时还涉及相关资产税的问题。这一问题同样也在我国前期的 BOT 项目中出现过。如，我国最早的深圳沙角 B 电厂 BOT 项目合同设计的时候，设计的是建设期加运营期为 15 年；对移交条件的界定就没有约定清楚，导致后面在 1998 年 4 月 1 号该移交时，但由于移交条件不清楚，直到 1999 年 8 月 1 号才正式移交。近年来，各个国家不断总结经验，出台各种 PPP 项目指南，就移交阶段的合同管理给出指导建议。我国财政部 PPP 项目合同指南给出了较为完善的规定，包括五个方面：移交范围、移交条件和标准、移交程序、相关附属合同和技术的转让、风险转移。主要内容如下：

1. 移交范围
- 项目设施；
- 项目土地使用权及项目用地相关的其他权利；
- 与项目设施相关的设备、机器、装置、零部件、备品备件以及其他动产；
- 项目实施相关人员；
- 运营维护项目设施所要求的技术和技术信息；
- 与项目设施有关的手册、图纸、文件和资料（书面文件和电子文档）；
- 移交项目所需的其他文件。

2. 移交的条件和标准
- 权利方面的条件和标准：项目设施、土地及所涉及的任何资产不存在权利瑕疵，其上未设置任何担保及其他第三人的权利。但在提前终止导致移交的情形下，如移交时尚有未清偿的项目贷款，就该未清偿贷款所设置的担保除外。
- 技术方面的条件和标准：项目设施应符合双方约定的技术、安全和环保标准，并处于良好的运营状况。在一些 PPP 项目合同中，会对"良好运营状况"的标准做进一步明确，例如在不再维修情况下，项目可以正常运营 3 年等。

3. 移交程序
- 评估和测试：在 PPP 项目移交前，通常需要对项目的资产状况进行评估并对项目状况能否达到合同约定的移交条件和标准进行测试。评估和测试工作通常由政府方委托的独立专家或者由政府方和项目公司共同组成的移交工作组负责。
- 不符合移交条件下的处理方式：经评估和测试，项目状况不符合约定的移交条件和标准的，政府方有权提取移交维修保函，并要求项目公司对项目设施进行相应的恢复性修理、更新重置，以确保项目在移交时满足约定要求。
- 移交手续办理：移交相关的资产过户和合同转让等手续由哪一方负责办理主要取决于合同的约定，多数情况下由项目公司负责。
- 移交费用（含税费）承担：通常取决于双方的谈判结果，常见的做法包括（1）由项目公司承担移交手续的相关费用（这是比较常见的一种安排，而且办理移交手续的相关费用也会在项目的财务安排中予以预先考虑）；（2）由政府方和项目公司共同承担移交手续的相关费用；（3）如果因为一方违约事件导致项目终止而需要提前移交，可以约定由违约方来承担移交费用。

4. 附属合同、相关技术转让
- 项目相关合同的转让：项目移交时，项目公司在项目建设和运营阶段签订的一系列重要合同可能仍然需要继续履行，因此可能需要将这些尚未履行完毕的合同由项目公司转让给政府或政府指定的其他机构。为能够履行上述义务，项目公司应在签署这些合同时即与相关合同方（如承包商或运营商）明确约定，在项目移交时同意项目公司将所涉合同转让给政府或政府指定的其他机构。

● 实践中，可转让的合同可能包括项目的工程承包合同、运营服务合同、原料供应合同、产品或服务购买合同、融资租赁合同、保险合同以及租赁合同等。通常政府会根据上述合同对于项目继续运营的重要性，决定是否进行合同转让。此外，如果这些合同中包含尚未期满的相关担保，也应该根据政府的要求全部转让给政府或者政府指定的其他机构。

● 技术转让：在一些对于项目实施专业性要求较高的PPP项目中，可能需要使用第三方的技术（包括通过技术转让或技术许可的方式从第三方取得的技术）。在此情况下，政府需要确保在项目移交之后不会因为继续使用这些技术而被任何第三方进行侵权索赔。

● 因此，PPP项目合同中通常会约定，项目公司应在移交时将项目运营和维护所需要的所有技术，全部移交给政府或政府指定的其他机构，并确保政府或政府指定的其他机构不会因使用这些技术而遭受任何侵权索赔。如果有关技术为第三方所有，项目公司应在与第三方签署技术授权合同时，即与第三方明确约定，同意项目公司在项目移交时将技术授权合同转让给政府或政府指定的其他机构。此外，PPP项目合同中通常还会约定，如果这些技术的使用权在移交日前已期满，项目公司有义务协助政府取得这些技术的使用权。

5. 风险转移

● 在移交日前，由项目公司承担项目设施的全部或部分损失或损坏的风险，除非该损失或损坏是由政府方的过错或违约所致。

● 在移交日及其后，由政府承担项目设施的全部或部分损失或损坏的风险。

附录1 2014～2015 各部委 PPP 政策和文件清单

2014～2015 各部委 PPP 政策和文件清单   附录表1

2014～2015 各部委 PPP 政策和文件清单

年份	文件号	名　　称	发布单位
2014.9.23	财金〔2014〕76 号	关于推广运用政府和社会资本合作模式有关问题的通知	财政部
2014.11.29	财金〔2014〕113 号	关于印发政府和社会资本合作模式操作指南(试行)的通知	财政部
2014.11.30	财金〔2014〕112 号	财政部关于政府和社会资本合作示范项目实施有关问题的通知	财政部
2014.12.2	发改投资〔2014〕2724 号	国家发展改革委关于开展政府和社会资本合作的指导意见	发改委
2014.12.30	财金〔2014〕156 号	关于规范政府和社会资本合作合同管理工作的通知	财政部
2014.12.31	财库〔2014〕215 号	关于印发《政府和社会资本合作项目政府采购管理办法》的通知	财政部
2014.12.31	财库〔2014〕214 号	关于印发《政府采购竞争性磋商采购方式管理暂行办法》的通知	财政部
2015.2.13	财建〔2015〕29 号	关于市政公用领域开展政府和社会资本合作项目推介工作的通知	财政部
2015.3.10	发改投资〔2015〕445 号	国家发展改革委、国家开发银行关于推进开发性金融支持政府和社会资本合作有关工作的通知	• 国家发展和改革委员会 • 国家开发银行
2015.4.7	财金〔2015〕21 号	财政部关于印发《政府和社会资本合作项目财政承受能力论证指引》的通知	财政部
2015.4.9	财建〔2015〕90 号	关于推进水污染防治领域政府和社会资本合作的实施意见	财政部
2015.4.20	财建〔2015〕111 号	关于在收费公路领域推广运用政府和社会资本合作模式的实施意见	财政部
2015.4.21	财综〔2015〕15 号	关于运用政府和社会资本合作模式推进公共租赁住房投资建设和运营管理的通知	• 财政部 • 国土资源部 • 住房和城乡建设部 • 中国人民银行 • 国家税务总局 • 银监会

2014～2015 各部委 PPP 政策和文件清单

年份	文件号	名　称	发布单位
2015.4.25	国家发展改革委等 6 部委第 25 号	基础设施和公用事业特许经营管理办法	• 国家发展和改革委员会 • 财政部 • 住房和城乡建设部 • 交通运输部 • 水利部 • 中国人民银行
2015.5.19	国办发〔2015〕42 号	国务院办公厅转发财政部发展改革委人民银行关于在公共服务领域推广政府和社会资本合作模式指导意见的通知	• 财政部 • 国家发展和改革委员会 • 人民银行
2015.6.25	财金〔2015〕57 号	关于进一步做好政府和社会资本合作项目示范工作的通知	财政部

附录 2　世界部分国家的 PPP 相关法律

世界部分国家的 PPP 相关法律统计（来源：PPPIRC 数据库）　　附录表 2

国家	政策/法律名称	颁布时间
安哥拉	PPP 法	2011
澳大利亚	国家 PPP 政策及指南	2008
	维多利亚州合作政策	2000
阿根廷	促进私人部门参与基础设施发展	2001
贝宁	PPP 法	2002
巴西	PPP 项目招投标与合同法	2004
保加利亚	PPP 法	2012
	PPP 法实施条例	2013
	特许经营法	2006
柬埔寨	特许经营法	2007
喀麦隆	合作关系合同规定（2006 年第 012 号法令）	2006
	合作关系财务与融资合同（2008 年第 009 号法令）	2008
中东欧地区	特许经营法律评估	2008
智利	特许经营法	1991
	特许经营法实施条例	1997
中国	基础设施和公用事业特许经营管理办法	2015
哥伦比亚	PPP 法（第 1508 号法令）	2012
	PPP 法（第 1467 号法令）	2012
	PPP 法（第 0100 号法令）	2013
哥斯达黎加	特许经营法律法规	2011
克罗地亚	PPP 法	2012
	特许经营法	2012
捷克	特许经营法	2006
埃及	PPP 法（第 67 号法令）	2010
法国	PPP 法	2004
斐济	PPP 法	2006
加纳	国家 PPP 政策	2011
	PPP 法案草案	2013
希腊	PPP 法（2005 年第 3389 号法令）	2005
危地马拉	PPP 法（2010 年第 16 号法令）	2010
洪都拉斯	PPP 推广法	2010
	PPP 推广法实施总则	2011

国家	政策/法律名称	颁布时间
印度	国家 PPP 政策	不详
	哈里亚纳邦 PPP 政策	不详
印度尼西亚	特许经营法规	2005
爱尔兰	国家机关（PPP 安排）法	2002
肯尼亚	PPP 法	2013
	PPP 法规	2014
	PPP 政策	2012
	公共采购和安排法	2005
科索沃	PPP 及特许经营法	1990
科威特	PPP 法	2008
	新 PPP 法	2014
拉脱维亚	PPP 法	2009
立陶宛	特许经营法	1999
马其顿	特许经营法	2012
马拉维	特许经营法案	2010
马达加斯加	PPP 政策	
	采购法	2004
毛里塔尼亚	适合于公众的合作关系（2010 年第 044 号法令）	2010
毛里求斯	PPP 法	2004
墨西哥	PPP 法	2012
	PPP 法实施条例	2012
	PPP 项目实施指南	2013
摩洛哥	新 PPP 法（第 86-12 号法令）	2015
莫桑比克	PPP 法（2011 年第 15 号法令）	2011
秘鲁	第 1012 号法律	2008
	第 127-2014-EF 号最高法	2014
	在公共交通基础设施领域使用私人投资，提高交通服务质量	1998
菲律宾	BOT 法	2006
	BOT 法实施条例	2012
波兰	PPP 法	2008
葡萄牙	PPP 法	2012
	公共合同范本	2008
波多黎各	PPP 法	2009
罗马尼亚	PPP 法规（系列）	
	新公共采购法	2006
塞内加尔	BOT 法（2004 年第 13 号法令）	2004
	基础设施委员会建立法（2004 年第 14 号法令）	2004

国家	政策/法律名称	颁布时间
斯洛文尼亚	PPP 法	2006
南非	公共财政管理法（PFMA）	1999
	地方财政管理法（MFMA）	2003
韩国	促进民间资本参与社会间接资本设施投资法	1994
	私人参与基础设施法执行法	1999
西班牙	特许经营法	2003
斯里兰卡	斯里兰卡公共事业法	2002
东帝汶	PPP 法（2012 年第 42 号法令）	2012
突尼斯	特许经营法草案（2008 年第 23 号法令）	2008
坦桑尼亚	坦桑尼亚国家 PPP 政策	2009
	PPP 法	2010
	PPP 法规	2011
乌干达	PPP 法	2015
英国	英国财政部 PPP 政策及指南	不详
	英国财政部 PF2 标准化合同	2012
	英国财政部采购与合同管理相关规定	2013
	英国财政部使用民间资本的物有所值评价	2006
	基础设施 PPP 项目指南	不详
	英国财政部 PPP 预算编制与会计安排	不详
	英国财政部融资指南	2006
乌拉圭	PPP 法（2011 年第 18.786 号法令）	2011
美国	公共设施 PPP 项目立法指引	2014
越南	PPP 法	2015
赞比亚	PPP 法	2009

附录3 基础设施和公用事业特许经营管理办法

中华人民共和国国家发展和改革委员会、中华人民共和国财政部、中华人民共和国住房和城乡建设部、中华人民共和国交通运输部、中华人民共和国水利部、中国人民银行令第 25 号《基础设施和公用事业特许经营管理办法》经国务院同意，予以发布，自 2015 年 6 月 1 日起施行。

第一章 总 则

第一条 为鼓励和引导社会资本参与基础设施和公用事业建设运营，提高公共服务质量和效率，保护特许经营者合法权益，保障社会公共利益和公共安全，促进经济社会持续健康发展，制定本办法。

第二条 中华人民共和国境内的能源、交通运输、水利、环境保护、市政工程等基础设施和公用事业领域的特许经营活动，适用本办法。

第三条 本办法所称基础设施和公用事业特许经营，是指政府采用竞争方式依法授权中华人民共和国境内外的法人或者其他组织，通过协议明确权利义务和风险分担，约定其在一定期限和范围内投资建设运营基础设施和公用事业并获得收益，提供公共产品或者公共服务。

第四条 基础设施和公用事业特许经营应当坚持公开、公平、公正，保护各方信赖利益，并遵循以下原则：

（一）发挥社会资本融资、专业、技术和管理优势，提高公共服务质量效率；

（二）转变政府职能，强化政府与社会资本协商合作；

（三）保护社会资本合法权益，保证特许经营持续性和稳定性；

（四）兼顾经营性和公益性平衡，维护公共利益。

第五条 基础设施和公用事业特许经营可以采取以下方式：

（一）在一定期限内，政府授予特许经营者投资新建或改扩建、运营基础设施和公用事业，期限届满移交政府；

（二）在一定期限内，政府授予特许经营者投资新建或改扩建、拥有并运营基础设施和公用事业，期限届满移交政府；

（三）特许经营者投资新建或改扩建基础设施和公用事业并移交政府后，由政府授予其在一定期限内运营；

（四）国家规定的其他方式。

第六条 基础设施和公用事业特许经营期限应当根据行业特点、所提供公共产品或服务需求、项目生命周期、投资回收期等综合因素确定，最长不超过 30 年。对于投资规模大、回报周期长的基础设施和公用事业特许经营项目（以下简称特许经营项目）可以由政府或者其授权部门与特许经营者根据项目实际情况，约定超过前款规定的特许经营期限。

第七条　国务院发展改革、财政、国土、环保、住房城乡建设、交通运输、水利、能源、金融、安全监管等有关部门按照各自职责，负责相关领域基础设施和公用事业特许经营规章、政策制定和监督管理工作。县级以上地方人民政府发展改革、财政、国土、环保、住房城乡建设、交通运输、水利、价格、能源、金融监管等有关部门根据职责分工，负责有关特许经营项目实施和监督管理工作。

第八条　县级以上地方人民政府应当建立各有关部门参加的基础设施和公用事业特许经营部门协调机制，负责统筹有关政策措施，并组织协调特许经营项目实施和监督管理工作。

第二章　特许经营协议订立

第九条　县级以上人民政府有关行业主管部门或政府授权部门（以下简称项目提出部门）可以根据经济社会发展需求，以及有关法人和其他组织提出的特许经营项目建议等，提出特许经营项目实施方案。特许经营项目应当符合国民经济和社会发展总体规划、主体功能区规划、区域规划、环境保护规划和安全生产规划等专项规划、土地利用规划、城乡规划、中期财政规划等，并且建设运营标准和监管要求明确。项目提出部门应当保证特许经营项目的完整性和连续性。

第十条　特许经营项目实施方案应当包括以下内容：

（一）项目名称；

（二）项目实施机构；

（三）项目建设规模、投资总额、实施进度，以及提供公共产品或公共服务的标准等基本经济技术指标；

（四）投资回报、价格及其测算；

（五）可行性分析，即降低全生命周期成本和提高公共服务质量效率的分析估算等；

（六）特许经营协议框架草案及特许经营期限；

（七）特许经营者应当具备的条件及选择方式；

（八）政府承诺和保障；

（九）特许经营期限届满后资产处置方式；

（十）应当明确的其他事项。

第十一条　项目提出部门可以委托具有相应能力和经验的第三方机构，开展特许经营可行性评估，完善特许经营项目实施方案。需要政府提供可行性缺口补助或者开展物有所值评估的，由财政部门负责开展相关工作。具体办法由国务院财政部门另行制定。

第十二条　特许经营可行性评估应当主要包括以下内容：

（一）特许经营项目全生命周期成本、技术路线和工程方案的合理性，可能的融资方式、融资规模、资金成本，所提供公共服务的质量效率，建设运营标准和监管要求等；

（二）相关领域市场发育程度，市场主体建设运营能力状况和参与意愿；

（三）用户付费项目公众支付意愿和能力评估。

第十三条　项目提出部门依托本级人民政府根据本办法第八条规定建立的部门协调机制，会同发展改革、财政、城乡规划、国土、环保、水利等有关部门对特许经营项目实施方案进行审查。经审查认为实施方案可行的，各部门应当根据职责分别出具书面审查意见。项目提出部门综合各部门书面审查意见，报本级人民政府或其授权部门审定特许经营项目实施方案。

第十四条 县级以上人民政府应当授权有关部门或单位作为实施机构负责特许经营项目有关实施工作，并明确具体授权范围。

第十五条 实施机构根据经审定的特许经营项目实施方案，应当通过招标、竞争性谈判等竞争方式选择特许经营者。特许经营项目建设运营标准和监管要求明确、有关领域市场竞争比较充分的，应当通过招标方式选择特许经营者。

第十六条 实施机构应当在招标或谈判文件中载明是否要求成立特许经营项目公司。

第十七条 实施机构应当公平择优选择具有相应管理经验、专业能力、融资实力以及信用状况良好的法人或者其他组织作为特许经营者。鼓励金融机构与参与竞争的法人或其他组织共同制定投融资方案。特许经营者选择应当符合内外资准入等有关法律、行政法规规定。依法选定的特许经营者，应当向社会公示。

第十八条 实施机构应当与依法选定的特许经营者签订特许经营协议。需要成立项目公司的，实施机构应当与依法选定的投资人签订初步协议，约定其在规定期限内注册成立项目公司，并与项目公司签订特许经营协议。

特许经营协议应当主要包括以下内容：

（一）项目名称、内容；

（二）特许经营方式、区域、范围和期限；

（三）项目公司的经营范围、注册资本、股东出资方式、出资比例、股权转让等；

（四）所提供产品或者服务的数量、质量和标准；

（五）设施权属，以及相应的维护和更新改造；

（六）监测评估；

（七）投融资期限和方式；

（八）收益取得方式，价格和收费标准的确定方法以及调整程序；

（九）履约担保；

（十）特许经营期内的风险分担；

（十一）政府承诺和保障；

（十二）应急预案和临时接管预案；

（十三）特许经营期限届满后，项目及资产移交方式、程序和要求等；

（十四）变更、提前终止及补偿；

（十五）违约责任；

（十六）争议解决方式；

（十七）需要明确的其他事项。

第十九条 特许经营协议根据有关法律、行政法规和国家规定，可以约定特许经营者通过向用户收费等方式取得收益。向用户收费不足以覆盖特许经营建设、运营成本及合理收益的，可由政府提供可行性缺口补助，包括政府授予特许经营项目相关的其他开发经营权益。

第二十条 特许经营协议应当明确价格或收费的确定和调整机制。特许经营项目价格或收费应当依据相关法律、行政法规规定和特许经营协议约定予以确定和调整。

第二十一条　政府可以在特许经营协议中就防止不必要的同类竞争性项目建设、必要合理的财政补贴、有关配套公共服务和基础设施的提供等内容作出承诺，但不得承诺固定投资回报和其他法律、行政法规禁止的事项。

第二十二条　特许经营者根据特许经营协议，需要依法办理规划选址、用地和项目核准或审批等手续的，有关部门在进行审核时，应当简化审核内容，优化办理流程，缩短办理时限，对于本部门根据本办法第十三条出具书面审查意见已经明确的事项，不再作重复审查。实施机构应当协助特许经营者办理相关手续。

第二十三条　国家鼓励金融机构为特许经营项目提供财务顾问、融资顾问、银团贷款等金融服务。政策性、开发性金融机构可以给予特许经营项目差异化信贷支持，对符合条件的项目，贷款期限最长可达30年。探索利用特许经营项目预期收益质押贷款，支持利用相关收益作为还款来源。

第二十四条　国家鼓励通过设立产业基金等形式入股提供特许经营项目资本金。鼓励特许经营项目公司进行结构化融资，发行项目收益票据和资产支持票据等。国家鼓励特许经营项目采用成立私募基金，引入战略投资者，发行企业债券、项目收益债券、公司债券、非金融企业债务融资工具等方式拓宽投融资渠道。

第二十五条　县级以上人民政府有关部门可以探索与金融机构设立基础设施和公用事业特许经营引导基金，并通过投资补助、财政补贴、贷款贴息等方式，支持有关特许经营项目建设运营。

第三章　特许经营协议履行

第二十六条　特许经营协议各方当事人应当遵循诚实信用原则，按照约定全面履行义务。除法律、行政法规另有规定外，实施机构和特许经营者任何一方不履行特许经营协议约定义务或者履行义务不符合约定要求的，应当根据协议继续履行、采取补救措施或者赔偿损失。

第二十七条　依法保护特许经营者合法权益。任何单位或者个人不得违反法律、行政法规和本办法规定，干涉特许经营者合法经营活动。

第二十八条　特许经营者应当根据特许经营协议，执行有关特许经营项目投融资安排，确保相应资金或资金来源落实。

第二十九条　特许经营项目涉及新建或改扩建有关基础设施和公用事业的，应当符合城乡规划、土地管理、环境保护、质量管理、安全生产等有关法律、行政法规规定的建设条件和建设标准。

第三十条　特许经营者应当根据有关法律、行政法规、标准规范和特许经营协议，提供优质、持续、高效、安全的公共产品或者公共服务。

第三十一条　特许经营者应当按照技术规范，定期对特许经营项目设施进行检修和保养，保证设施运转正常及经营期限届满后资产按规定进行移交。

第三十二条　特许经营者对涉及国家安全的事项负有保密义务，并应当建立和落实相应保密管理制度。实施机构、有关部门及其工作人员对在特许经营活动和监督管理工作中知悉的特许经营者商业秘密负有保密义务。

第三十三条　实施机构和特许经营者应当对特许经营项目建设、运营、维修、保养过程中有关资料，按照有关规定进行归档保存。

第三十四条 实施机构应当按照特许经营协议严格履行有关义务，为特许经营者建设运营特许经营项目提供便利和支持，提高公共服务水平。行政区划调整，政府换届、部门调整和负责人变更，不得影响特许经营协议履行。

第三十五条 需要政府提供可行性缺口补助的特许经营项目，应当严格按照预算法规定，综合考虑政府财政承受能力和债务风险状况，合理确定财政付费总额和分年度数额，并与政府年度预算和中期财政规划相衔接，确保资金拨付需要。

第三十六条 因法律、行政法规修改，或者政策调整损害特许经营者预期利益，或者根据公共利益需要，要求特许经营者提供协议约定以外的产品或服务的，应当给予特许经营者相应补偿。

第四章 特许经营协议变更和终止

第三十七条 在特许经营协议有效期内，协议内容确需变更的，协议当事人应当在协商一致基础上签订补充协议。如协议可能对特许经营项目的存续债务产生重大影响的，应当事先征求债权人同意。特许经营项目涉及直接融资行为的，应当及时做好相关信息披露。特许经营期限届满后确有必要延长的，按照有关规定经充分评估论证，协商一致并报批准后，可以延长。

第三十八条 在特许经营期限内，因特许经营协议一方严重违约或不可抗力等原因，导致特许经营者无法继续履行协议约定义务，或者出现特许经营协议约定的提前终止协议情形的，在与债权人协商一致后，可以提前终止协议。特许经营协议提前终止的，政府应当收回特许经营项目，并根据实际情况和协议约定给予原特许经营者相应补偿。

第三十九条 特许经营期限届满终止或提前终止的，协议当事人应当按照特许经营协议约定，以及有关法律、行政法规和规定办理有关设施、资料、档案等的性能测试、评估、移交、接管、验收等手续。

第四十条 特许经营期限届满终止或者提前终止，对该基础设施和公用事业继续采用特许经营方式的，实施机构应当根据本办法规定重新选择特许经营者。因特许经营期限届满重新选择特许经营者的，在同等条件下，原特许经营者优先获得特许经营。新的特许经营者选定之前，实施机构和原特许经营者应当制定预案，保障公共产品或公共服务的持续稳定提供。

第五章 监督管理和公共利益保障

第四十一条 县级以上人民政府有关部门应当根据各自职责，对特许经营者执行法律、行政法规、行业标准、产品或服务技术规范，以及其他有关监管要求进行监督管理，并依法加强成本监督审查。县级以上审计机关应当依法对特许经营活动进行审计。

第四十二条 县级以上人民政府及其有关部门应当根据法律、行政法规和国务院决定保留的行政审批项目对特许经营进行监督管理，不得以实施特许经营为名违法增设行政审批项目或审批环节。

第四十三条 实施机构应当根据特许经营协议，定期对特许经营项目建设运营情况进行监测分析，会同有关部门进行绩效评价，并建立根据绩效评价结果、按照特许经营协议约定对价格或财政补贴进行调整的机制，保障所提供公共产品或公共服务的质量和效率。实施机构应当将社会公众意见作为监测分析和绩效评价的重要内容。

第四十四条　社会公众有权对特许经营活动进行监督，向有关监管部门投诉，或者向实施机构和特许经营者提出意见建议。

第四十五条　县级以上人民政府应当将特许经营有关政策措施、特许经营部门协调机制组成以及职责等信息向社会公开。实施机构和特许经营者应当将特许经营项目实施方案、特许经营者选择、特许经营协议及其变更或终止、项目建设运营、所提供公共服务标准、监测分析和绩效评价、经过审计的上年度财务报表等有关信息按规定向社会公开。特许经营者应当公开有关会计数据、财务核算和其他有关财务指标，并依法接受年度财务审计。

第四十六条　特许经营者应当对特许经营协议约定服务区域内所有用户普遍地、无歧视地提供公共产品或公共服务，不得对新增用户实行差别待遇。

第四十七条　实施机构和特许经营者应当制定突发事件应急预案，按规定报有关部门。突发事件发生后，及时启动应急预案，保障公共产品或公共服务的正常提供。

第四十八条　特许经营者因不可抗力等原因确实无法继续履行特许经营协议的，实施机构应当采取措施，保证持续稳定提供公共产品或公共服务。

第六章　争　议　解　决

第四十九条　实施机构和特许经营者就特许经营协议履行发生争议的，应当协商解决。协商达成一致的，应当签订补充协议并遵照执行。

第五十条　实施机构和特许经营者就特许经营协议中的专业技术问题发生争议的，可以共同聘请专家或第三方机构进行调解。调解达成一致的，应当签订补充协议并遵照执行。

第五十一条　特许经营者认为行政机关作出的具体行政行为侵犯其合法权益的，有陈述、申辩的权利，并可以依法提起行政复议或者行政诉讼。

第五十二条　特许经营协议存续期间发生争议，当事各方在争议解决过程中，应当继续履行特许经营协议义务，保证公共产品或公共服务的持续性和稳定性。

第七章　法　律　责　任

第五十三条　特许经营者违反法律、行政法规和国家强制性标准，严重危害公共利益，或者造成重大质量、安全事故或者突发环境事件的，有关部门应当责令限期改正并依法予以行政处罚；拒不改正、情节严重的，可以终止特许经营协议；构成犯罪的，依法追究刑事责任。

第五十四条　以欺骗、贿赂等不正当手段取得特许经营项目的，应当依法收回特许经营项目，向社会公开。

第五十五条　实施机构、有关行政主管部门及其工作人员不履行法定职责、干预特许经营者正常经营活动、徇私舞弊、滥用职权、玩忽职守的，依法给予行政处分；构成犯罪的，依法追究刑事责任。

第五十六条　县级以上人民政府有关部门应当对特许经营者及其从业人员的不良行为

建立信用记录，纳入全国统一的信用信息共享交换平台。对严重违法失信行为依法予以曝光，并会同有关部门实施联合惩戒。

第八章　附　　则

第五十七条　基础设施和公用事业特许经营涉及国家安全审查的，按照国家有关规定执行。

第五十八条　法律、行政法规对基础设施和公用事业特许经营另有规定的，从其规定。本办法实施之前依法已经订立特许经营协议的，按照协议约定执行。

第五十九条　本办法由国务院发展改革部门会同有关部门负责解释。

第六十条　本办法自 2015 年 6 月 1 日起施行。

附录 4　PPP 项目运作关键事项检核表[1]

（A Checklist for Public-private partnership Projects）

世行集团在 2014 年 1 月完成一篇名为《成功的故事和应得的教训：国家、部门和项目克服基础设施融资约束的例子》的论文，该论文识别了使 PPP 项目成功的关键要求，强调政治、经济和具体实施的重要性。在此基础上，PPP 项目运作关键事项检核表借鉴早先对国际金融公司（IFC）项目的研究，扩展了经济、政治和具体实施因素，并加入法律和制度这一方面。本检核表还包括项目和交易相关的问题，以及总体环境方面的问题，贯穿 PPP 项目从概念到完成的各个阶段，意在帮助政策制定者和决策者实现以上关键要求，促进 PPP 成功。

以下分别从政治、法律和制度、经济和金融、具体实施四个方面列出相关问题。

一、政治

项目有广泛的利益相关者支持、所处政治稳定且有政治承诺，并在项目进程早期发现潜在的政治违约情形是非常重要的，相关问题如下。

1. 所有权方面

● 是否有政府最高层面明确支持的经批准的国家/地区/地方基础设施发展计划或 PPP 项目库？哪些高层次政府部门清晰地阐述了 PPP 操作的基本原理？

● 提议的 PPP 项目是否来自经批准的国家基础设施计划？是否得到政府最高层面的明确支持？

● 是否有危及项目的利益相关者内部争议？

● 是否有来自项目重要利益相关者的充分支持？

● 是否有一个明确规定角色、责任及时间节点的战略性沟通计划来与项目内外关键利益相关者沟通？

2. 潜在的政治违约方面

● 政府能否在相对长的期限内完成所有项目活动？或者换个问法，各党派之间就项目是否已达成共识？这对于新一届政府成立后项目仍能按期完成很重要。

● 是否已对项目进行了可信的社会和环境影响评估？

● 社会和环境影响评估是否提出了会影响项目发展和完成的具体问题？

● 在征地、安置或其他许可方面是否存在大量的要求从而可能导致项目延误？

● 项目依赖的其他基础设施能否按时完成？

● 对于棕地项目，是否存在大量的人员解雇从而可能导致项目延误？

二、法律和制度

完善而透明的法律及监管机构、财政和财务框架，以及可信的制度流程和实施 PPP

---

[1]　世界银行集团于 2014 年 8 月完成，本附录根据其原文整理。

项目的能力对 PPP 项目的成功非常重要，相关问题如下。

1. 法律法规

（1）PPP 法律框架方面

● 是否有 PPP 相关法律对 PPP 进行清晰界定，并列出 PPP 项目获批、采购和监管的流程，规定签署 PPP 合同的政府机构？

● 采购法是否对所有投标者（包括海外投标者）都公平、公正和透明对待？

● 法律法规是否有 PPP 项目建议书需要议会批准的要求？

● 法律框架允许什么类型的 PPP（比如：管理类型、租赁、BOT、特许权、资产出售等）？

● PPP 法律框架下，是否有具体的政策和过程来对私人部门提出的 PPP 项目建议书进行选择、评估、招标及实施？

● 是否有部门法律法规或政策为收费水平的确定、增长及定期评审提供依据和清晰的方法？

● 对于执照、许可和计划批准有无简单、透明且可预知的要求？

● 法律框架是否允许 PPP 项目终止情况下的赔偿？

（2）其他相关法律框架方面

● 土地征用立法是否在保证合理补偿的同时有助于土地征用？

● 劳动法是否有足够弹性来实现最大化生产力和效率？

● 是否有土地法和担保法赋予债权人在 PPP 项目陷入困境时介入项目的权利？

● 是否有完善的税法可以据以预期税负？税法在 PPP 项目中的应用是否清楚？

● 是否有一个行事一致且受尊敬的对国内外诉讼当事人一视同仁的法院系统？

● 是否有与国际上被广泛接受的实践相一致的争议解决替代方式？

● 是否认可国际仲裁裁决并可强制执行？

● 公共当局能否主张主权豁免？是否有豁免的规定？

● 法律是否对政府单方面终止合同做出规定？

● 是否对项目资产的没收或国有化提供保护？

（3）法律框架运作方面

● 法院系统提供及时的法律救济吗？

● 政府有无守法履约的良好记录？

● 过去有无政府单方面终止合同或没收项目资产的先例？

2. 标准文件和方法方面

● 是否有标准方法和指南并建立了与国际惯例相当的标杆用于分析技术成本和物有所值、经济成本收益、支付能力以及贴现？

● 是否有与国际标杆相当的业绩标准？

● 是否有针对项目不同阶段的标准文件和范本，包括定义参与方权利与义务并把风险分配给最有能力管理该风险一方的标准合同？

3. 内部组织方面

● 是否在财政部或其他部门有被清晰定义角色和责任的专门 PPP 机构？PPP 机构是否配备了足够的有相关技能的公务员以为 PPP 项目提供专业知识、指导和监管？

- 是否有专门的团队发展 PPP 项目？
- 是否有专门的团队进行 PPP 项目评估、审批、招投标和合同管理？
- 是否有透明且规定时限的 PPP 项目评估、审批、招投标过程以及恰当的质量控制程序？
- 是否有明确定义项目履约过程中各方角色和责任并确保及时监管、评估、反馈与纠正的合同管理步骤？
- 是否有确保谈判透明、强调物有所值并保护所有利益相关者的合同再谈判步骤？

4. 透明和责任方面

- 是否有方法确保 PPP 过程透明？包括披露招投标信息、项目进展、来自政府的资金、预计的承诺、或然责任和项目绩效。
- 对于体现在标准合同文件中的获取保密信息的途径是否有清楚的指南？
- 是否建立有清晰的 PPP 财务、绩效和法院审计框架？
- 高级审计机构有能力和技术审计 PPP 项目吗？他们发布审计结果吗？

三、经济和金融

PPP 项目必须通过充分的商业论证和最优风险分担来评估技术、经济、财政和财务可行，实现物有所值。项目必须获得国内外恰当期限的融资，外汇风险和资本控制必须透明、可预测，并允许私人部门撤回他们的投资。经济和金融方面的问题如下。

1. 商业论证方面

（1）项目特质及项目范围方面

- 是否有清晰表述并被论证的项目需求？
- 项目目标是否现实？是否对项目的技术、经济、社会、财政以及计划等提供了充分说明与论证？
- 项目是否提供关键基础设施服务？
- 所提供服务的市场定义了吗？所定义的地理范围和客户对象是否合理？
- 在商业论证中是否考虑了目前以及将来竞争性项目的影响？
- 对所提供基础设施服务的要求在长时间内是不是稳定的？
- 交易的范围和技术设计是否足以实现项目的产出？
- 产出的规定是否与现存标准一致？
- 是否已对不同组织的职责做出恰当规定？
- 规定的项目范围与职责是否与现有法律法规以及制度一致？
- 进行商业论证时是否考虑了先前类似的项目交易？

（2）成本与收入方面

- 技术成本估计是否基于已有国内或国际标准并与要求的产出规范一致？
- 是否计算了包括社会和环境影响成本在内的所有成本？
- 是否已评估用户的支付能力和支付意愿？
- 收入估计是基于合理的需求预期或得到担保的需求做出的吗？收入时间和收入水平的预期是建立在合理假定的基础上的吗？

（3）选址方面

- 是否对包括备选方案评估在内的选址适合性进行了评估？

● 基于满足项目要求和成本要求，为项目推荐的选址是所评估方案中最好的吗？

（4）选择 PPP 模式方面

● 是否有严谨的程序对项目是采取传统采购模式还是不同类型的 PPP 模式进行评估？

● PPP 模式的选择是否基于稳健的物有所值评估？

（5）市场方面

● 是否已就私人部门完成项目的技术、经验和兴趣等进行市场调查？

● 市场调查对象是否包括具有类似项目经验和知识的业界人士、股权投资者、贷款方等各类参与者？

● 市场调查是否由有能力的第三方顾问承担？

● 市场调查反馈的信息是否已被恰当地融入项目设计、商务论证和招标文件？

（6）时间节点方面

● 每一阶段的时间节点是否考虑了获得所有批准所需要的时间以及投标者准备标书的时间？

● 参与项目的所有组织是否清楚他们的责任以及与其相关的时间节点？

● 时间节点是被及时更新和跟踪吗？

2. 财政方面

● 政府财政是否有预算持续支持基础设施的运营和维修？

● 是否有完善的财政预算体系支持政府对基础设施 PPP 项目的多年度财政承诺并评估拟建 PPP 项目的支付能力？

● 是否有一个政府向 PPP 项目提供支持的具有清晰规则的框架？

● 是否有清晰的流程为 PPP 项目下政府资产负债表的表内和表外业务进行会计处理并报告政府对 PPP 项目的承诺？

● 预算中对于来自政府或然责任的意外损失有无准备金？

● 当项目需要政府支持时，建议书是否已包括项目的经济可行性评估和不同支持方式和工具的评估？

● 是否对额外收入来源、收费调整、减少项目范围、评估合同期与资产使用寿命是否匹配等不同的支持选择进行了评估以使支持的数量最少？

● 政府对项目的潜在财政承诺和或然责任有支付能力吗？

● 是否有预算用于准备项目详细文件和招投标？

3. 融资和项目结构化方面

● 国内外主要债务资金来源提供合理的长期债务吗？

● 对国内公司举借外债有限制吗？

● 是否有完善的项目融资市场作为传统公司融资市场的补充？

● 是否有信用增级和风险减轻产品为项目融资提供支持？

● 现行规章制度支持包括养老金和股权基金在内的长期投资者投资于基础设施项目吗？

● 是否有合理的二级市场来进行债务和股权再融资？

● 是否有为利率和外汇进行套期保值的机制？

● 对外国股权投资者的股权比例有上限限制吗？

- 对外汇或资本流动的任何控制都是可预测并稳定的吗？
- 有充足的外汇储备吗？
- 对利润汇回本国有限制吗？
- 是否已清晰地阐释所有关键模型假设？
- 所有假设是否合理并反映市场条件？
- 是否对风险识别、评估和分担的方法原理进行了清晰地阐释并反映国际最佳实践？
- 是否有风险登记表？基于项目交付模式和公私双方的风险管理能力，建议的风险分担方案是否恰当？
- 是否已进行敏感性分析？分析结果对风险分担和物有所值有什么影响？

四、具体实施

必须采取严谨的方法动员足够的力量，坚持时间节点，遵循合理的招投标过程。签约后的履约管理对 PPP 项目尤其重要。相关具体问题如下。

1. 内部和外部实施能力方面

- 是否已确定项目团队？是否已清晰规定他们的角色和责任？他们具备必要的技能来履行分配给他们的角色和责任吗？
- 潜在投标者能理解并完成招标文件吗？
- 交易的技术、法律和财务顾问是通过竞争雇用的吗？他们之前有类似项目的经验和专长吗？
- 交易团队中有当地顾问或熟悉当地项目的顾问吗？
- 是否存在与咨询团队的利益冲突？

2. 招投标方面

- 招标文件是否包含在招标前经过讨论并基本达成一致的合同草案？
- 招标文件是否包含项目的关键特征以及投标者所关心的信息？
- 合同管理团队是否参与了项目招标文件的准备过程？
- 资格预审过程保证了有恰当技术和专长的投标者之间最大限度的竞争吗？
- 对于激进冒险或不可持续性标书，招标文件中有无保护性规定，比如要求投标者提供额外的财务、技术或其他信息，要求适当的履约担保，或母公司担保？
- 招标过程是否已融入反馈机制以确保收到投标者或公众的反馈？
- 首选中标者是否将一定形式的融资承诺作为标书的一部分？
- 财务标杆是否基于合理的与国内外标杆相当的成本、收入和假设？能提供物有所值吗？
- 是否已准备好与首选中标者谈判的参数？如果法律不允许在首选中标者选出后与其谈判，所有事宜是否已在邀请首选中标者提交最终标书时签发的 PPP 协议中充分说明？

3. 合同管理方面

- 合同管理团队是否有必要的资源、工具和流程可以使用？是否清楚地理解合同中的条款？
- 是否有评估项目业绩的合同管理计划？该计划是否包括合同期内如何应对潜在或然事件的计划？
- 所有的融资协议都到位了吗？合同中的先决条件正在实现吗？

●选址地点（如果政府所有）和资产（如果有）是否已按照时间节点移交给私人部门？

●是否向所有利益相关者定期发布信息？

●是否有与投标者初始财务模型不一致的变化，比如再融资，要求收益分享？是否有需要政府批准的所有权变化？

●项目实施后是否进行了审查？审查结果是显示取得了预期结果、物有所值还是需要中期进行纠正？

●是否因合同变更导致了公私双方再谈判？

●启动再谈判所需要的再谈判参数和必要的许可准备好了吗？

●项目修正后有支付能力吗？仍会提供物有所值吗？

●一旦再谈判失败，是否有清晰的应对策略？

●是否已由中立的第三方对资产进行了检查以证明资产满足合同约定的移交标准？

●资产移交后政府是否需要支付一定的终止补偿？

●公共部门是否有PPP合同到期后管理私人部门所移交资产并持续提供服务的计划？

主　要　参　考　文　献

[1]　王守清，柯永建. 特许经营项目融资(BOT，PFI 和 PPP)[M]. 北京：清华大学出版社，2008.

[2]　戴大双. 项目融资(第 2 版)[M]. 北京：机械工业出版社，2009.

[3]　盛和太，王守清. 特许经营项目融资(PPP/BOT)：资本结构选择[M]. 北京：清华大学出版社，2015.

[4]　柯永建，王守清. 特许经营项目融资(PPP)：风险分担管理[M]. 北京：清华大学出版社，2011.

[5]　叶苏东. 项目融资——理论与案例[M]. 北京：清华大学出版社，北京交通大学出版社，2008.

[6]　戴大双，宋金波. BOT 项目特许决策管理[M]. 北京：电子工业出版社，2010.

[7]　E. R. Yescombe. Principles of project finance [M]. Waltham：Academic Press，2014.

[8]　Bing Li，A. Akintoye. The allocation of risk in PPP/PFI construction projects in the UK[J]. International Journal of Project Management，2005，23(1)：25-35.

[9]　Bing Li，A. Akintoye. Critical success factors for PPP/PFI projects in the UK construction industry [J]. Construction Management & Economics，2005，23(5)：459-471.

[10]　Bing Li，A. Akintoye. Perceptions of positive and negative factors influencing the attractiveness of PPP/PFI procurement for construction projects in the UK[J]. Engineering Construction & Architectural. Management，2005，12(2)：125-148

[11]　Bing Li，A. Akintoye，Hardcastle C. VFM and risk allocation models in construction PPP projects [J]. School of Built and Natural Environment，Glasgow Caledonian University，Glasgow G4 0BA，Working Paper for Ph. D. Study，2001.

[12]　Dirk Daube，Susann Vollrath，Hans Wilhelm Alfen. A comparison of Project Finance and the Forfeiting Model as financing forms for PPP projects in Germany[J]. International Journal of Project Management，2008，26(4)，376-387.

[13]　Xueqing Zhang. Critical Success Factors for Public-Private Partnerships in Infrastructure Development[J]. Journal of Construction Engineering & Management，2005，131：3-14.

[14]　Xueqing Zhang. Paving the Way for Public-Private Partnerships in Infrastructure Development[J]. Journal of Construction Engineering & Management，2005，131(1)：71-80.

[15]　Xueqing Zhang. M. Kumaraswamy，Hong Kong Experience in Managing BOT Projects[J]. Journal of Construction Engineering & Management，2001，127(2)：154-162.

[16]　Xueqing Zhang. Financial Viability Analysis and Capital Structure Optimization in Privatized Public Infrastructure Projects[J]. Journal of Construction Engineering & Management，2005，131(6)：656-668.

[17]　Xueqing Zhang. Criteria for Selecting the Private-Sector Partner in Public-Private Partnerships[J]. Journal of Construction Engineering & Management，2005，131(6)：631-644.

[18]　Xueqing Zhang. Concessionaire's Financial Capability in Developing Build-Operate-Transfer Type Infrastructure Projects[J]. Journal of Construction Engineering & Management，2005，131(10)：1054-1064.

[19]　Xueqing Zhang. Factor Analysis of Public Clients' Best-Value Objective in Public-Privately Partnered

Infrastructure Projects[J]. Journal of Construction Engineering & Management，2006，132（9）：956-965.

[20]　Yongjian Ke，Shouqing Wang，Albert P. C. Chan. Equitable risks allocation of projects inside China：analyses from Delphi survey studies"，Chinese Management Studies，2011，5（3）：298-310

[21]　Shuibo Zhang，Ying Gao，Zhuo Feng，Weizhuo Sun. PPP application in infrastructure development in China：Institutional analysis and implications[J]. International Journal of Project Management，2015，33(3)：497-509.

[22]　Farquharson，Edward，Clemencia Torres de Mästle，E. R. Yescombe & Javier Encinas. How to Engage with the Private Sector in Public-Private Partnerships in Emerging Markets[R]. World Bank，Washington，D. C，2011.

[23]　Quasch，J. L.. Granting and Renegotiating Infrastructure Concessions：Doing it right[R] World Bank，Washington D. C.，2004.

[24]　中华人民共和国财政部．关于印发政府和社会资本合作模式操作指南（试行）的通知[Z]. 2014-11-29.

[25]　中华人民共和国发展改革委．政府和社会资本合作项目通用合同指南（2014 版）[Z]. 2014-12-2.

[26]　中华人民共和国财政部．政府和社会资本合作项目财政承受能力论证指引[Z]. 2015- 4-7.

[27]　中华人民共和国财政部．关于规范政府和社会资本合作合同管理工作的通知[Z]. 2014-12-30.

[28]　中华人民共和国财政部．PPP 项目合同指南（试行）[Z]. 2014-12-30.

[29]　中华人民共和国国务院办公厅．关于在公共服务领域推广政府和社会资本合作模式的指导意见[Z]. 2015-5-19

[30]　中华人民共和国财政部．政府采购竞争性磋商采购方式管理暂行办法[Z]. 2014-12-31.

[31]　中华人民共和国财政部．政府和社会资本合作项目政府采购管理办法[Z]. 2014-12-31.

[32]　中华人民共和国财政部等．基础设施和公用事业特许经营管理办法[Z]. 2015-6-01.

[33]　National Treasury of South Africa. Public Private Partnership Manual[Z]. 2004.

[34]　European PPP Expertise Centre. The Guide to Guidance：How to Prepare，Procure，and Deliver PPP Projects[Z]. 2011.

[35]　HM Treasury and Infrastructure UK. PFI/PPP finance guidance[Z]. 2013-7-25.

[36]　HM Treasury and Infrastructure UK. PFI/PPP procurement and contract management guidance[Z]. 2013-10-25.

[37]　HM Treasury and Infrastructure UK. Project Governance：a guidance note for pubic sector projects [Z]. 2007-11.

[38]　HM Treasury and Infrastructure UK. Managing complex capital investment programmes utilising private finance [Z]. 2010-3.

[39]　HM Treasury and Infrastructure UK. Value for Money Assessment Guidance[Z]. 2006-11.

[40]　HM Treasury and Infrastructure UK. Joint Ventures：a guidance note for public sector bodies forming joint ventures with the private sector[Z]. 2010-3.

[41]　United Kingdom，Her Majesty's Treasury. Standardisation of PF2 Contracts (draft) [Z]. 2012-12.

[42]　Infrastructure UK. Supporting PPP financing during the global liquidity crisis [Z]. 2013- 4-16.

[43]　United Kingdom，4Ps Public Private Partnerships Programme. A Guide to Contract Management for PFI and PPP projects[Z]，London，2007.

[44]　Infrastructure Australia. National PPP Guidelines [Z]. 2008-11.

[45]　Asian Development Bank. Guidelines for Procurement of PPP Projects through Swiss Challenge Route[Z]. 2010-5.